VILLE DE SAINT-OMER

(Pas-de-Calais)

CATALOGUE

DES

COLLECTIONS

DE FEU M.

Rodolphe DE BAILLIENCOURT dit COURCOL

Mes **BILLIET** et **THELLIER**, Commissaires-Priseurs
à Saint-Omer

M. **GANDOUIN**, Expert
31, rue des Saints-Pères, à Paris

Décembre 1893

VILLE DE SAINT-OMER (Pas-de-Calais)

CATALOGUE

DE LA VENTE AUX ENCHÈRES PUBLIQUES

DES

COLLECTIONS

de feu M. R. de BAILLIENCOURT
dit COURCOL

COMPRENANT

REMARQUABLE RÉUNION DE

DESSINS DE MAITRES ANCIENS

TABLEAUX ANCIENS

Faïences et Porcelaines anciennes

ARGENTERIE

Objets d'art et de curiosité

MEUBLES ANCIENS

BELLE BIBLIOTHÈQUE DE LIVRES MODERNES

DONT COLLECTION COMPLÈTE DE *la Gazette des Beaux-Arts*

IMPORTANTE GARNITURE DE CHEMINÉE

DE L'ÉPOQUE LOUIS XVI

Dont la vente aura lieu à SAINT-OMER (Pas-de-Calais)

le 18 décembre et jours suivants, **57, rue Carnot**

au domicile du défunt.

Me BILLIET
Me THELLIER
Commissaires-priseurs
64, rue Carnot, à Saint-Omer.

Me GANDOUIN
Expert
31, rue des Saints-Pères, Paris
et Hôtel Porte-d'Or à Saint-Omer.

CHEZ LESQUELS SE DISTRIBUE LE CATALOGUE

Expositions publiques les 16 et 17 décembre 1893 de 10 à 4 heures

NOTA. — Il y aura deux vacations par jour. Voir l'ordre de vente au présent catalogue.

ORDRE DES VACATIONS

De 10 heures à midi.

LUNDI 18. — *Faïences, n° 224 à 324.*
MARDI 19. — *Faïences, n° 325 à 424.*
MERCREDI 20. — *Objets divers, n° 442 à 444. Verrerie, n° 425 à 441 et n° 534.*
JEUDI 21. — *Livres, n° 635 à 739.*

A 2 heures du soir.

LUNDI 18. — *Gravures, n° 176 à 200. Dessins, n° 1 à 80.*
MARDI 19. — *Gravures, n° 201 à 223. Dessins, n° 81 à 157.*
MERCREDI 20. — *Tableaux, n° 158 à 175. Meubles, n° 445 à 498.*
JEUDI 21. — *N° 499 à 533 et n° 535 à 634.*

LE CATALOGUE SE DISTRIBUE :

AMIENS. Chez M. Ducatelle, commissaire-priseur.
ARRAS. — M. Cossiau, antiquaire, rue des Trois-Faucilles.
BEAUVAIS. — M. Delafosse, antiquaire.
CAMBRAI. — M. Guilmain Bracq, antiquaire.
LILLE. — M. Carlier, 7, rue Esquermoise.
PARIS. — M. Gandouin, expert, 31, rue des Saints-Pères.
ROUEN. — M. Lefrançois, 46, rue d'Amiens.
VERSAILLES. — M. Leroy, 8, place Hoche.
REIMS. — M. Mogenot, antiquaire.
DOUAI. — MM. les commissaires-priseurs.
VALENCIENNES. — M. le commissaire-priseur.

CONDITIONS DE LA VENTE

Elle aura lieu au comptant.

Les acquéreurs payeront 10 p. 0/0 applicables aux frais.

L'expert chargé de la vente se réserve la faculté de réunir ou de diviser les lots.

L'ordre numérique ne sera suivi à aucune vacation.

En cas de contestation sur une enchère, l'objet sera remis immédiatement en vente.

L'enlèvement des objets et leur livraison aura lieu le lendemain de chaque vacation.

M. Gandouin, expert chargé de la vente, remplira les commissions des personnes qui ne pourraient la suivre.

NOTICE

La collection de feu M. Rodolphe de Bailliencourt (dit Courcol) a été formée vers 1850, et par suite de la trouvaille heureuse d'un portefeuille contenant presque tout l'ensemble que nous sommes chargés de présenter aux amateurs.

Une partie de ces dessins ont figuré à diverses expositions rétrospectives, notamment à celles d'Amiens (1860) et de Beauvais (1869). Dans les différents comptes rendus de ces expositions, tant dans les journaux du temps que dans la *Gazette des Beaux-arts*, le *Moniteur des arts* et l'*Artiste*, articles rédigés par Alfred Darcel, Ph. de Chennevières, William Thoré dit Burger, etc., la plupart de ces œuvres sont citées avec éloges.

Nous avons rédigé le Catalogue avec le plus grand soin et évité autant que possible de donner des attributions ou affirmations inexactes, laissant aux amateurs le soin de suppléer au manque de désignation par leur savoir et leurs appréciations.

E. Gandouin.

DÉSIGNATION

DESSINS

1. — ADAM (Lambert-Sigisbert), école française, XVIIIe siècle. — *Apollon et Thalie*. Plume et lavis.

Haut. 0m,17, larg. 0m,265.

2. — ABSTUD? (Jan), école flamande, 1835. — *Route en forêt*. Deux dessins lavis et bistre.

Haut. 0m,225, larg. 0m,285.

3. — BAILLY (Léon), né à Saint-Omer, 1833?, mort en 1871. — *Études diverses* au crayon noir rehaussé de blanc et à la sanguine.

4. — BALEN (Jean Van), école flamande, 1612-1654. — *Étude* pour une partie de bateau, trois croquis sur la même feuille. Plume et bistre.

Haut. 0m,17, larg. 0m,265.

5. — BANDINELLI (Baccio), école italienne, 1487-1559. — *Jésus portant la croix*, superbe dessin à la plume et lavé de bistre. — Cadre bois sculpté.

Haut. 0m,29, larg. 0m,19.

6. — BAR (Bonaventure de), école française, 1700-1729. — *Jeune femme assise tenant un cahier sur ses genoux*, au revers, étude de main, fort joli dessin à la sanguine. — Cadre bois sculpté.

Haut. 0m,275, larg. 0m,16.

7. — BARBIERI (Jean-François dit Guerchin), école italienne, 1591-1660. — *Jeune femme* et *jeune homme lisant.* — Pierre noire, beau dessin. — Cadre bois sculpté. A figuré à l'Exposition d'Amiens en 1860.

Haut. 0m,28, larg. 0m,205.

8. — BARROCCI (Frédéric Fiori, dit), école italienne, 1528-1612. — *Esclave assis enchaîné.* — Beau dessin à la sanguine.

Haut. 0m,27, larg. 0m,39.

9. — BASSAN (Jacopo da Ponte, dit le), école italienne, 1510-1592. — *Adoration des bergers*, très beau dessin à la plume, lavé de bistre rehaussé de blanc. — Cadre bois sculpté. Composition très importante et remarquable exécution.

Haut. 0m,22 larg. 0m,16.

10. — BASSAN (Léandre), école italienne. 1558-1623. — *Adoration des bergers.* Plume.

Haut. 0m,16, larg. 0m,19.

11. — BATTONI (Pompeo), école italienne, 1708-1787. — *Enfant assis.* Vu de profil. Dessin sur papier brun, pierre noire rehaussée.

Haut. 0m,19, larg. 0m,31.

12. — BAUDUIN (François), école flamande, (?). — *Paysage.* Au lavis de bistre et bleu. — Signé.

Haut. 0m,22, larg. 0m,35.

13. — BAUDUIN (François), école flamande, XVIIIe siècle. — *Entrée de village.* — Signé.

14. — BAUDUIN (François). — *Paysage accidenté.* — Diverses collines chargées de villages sont traversées par une route. Lavis bistre et bleu. — Signé, 1767. — Cadre bois sculpté.

Haut. 0^m,22, larg. 0^m,28.

15. — BAUDUIN (François), école flamande, XVIIIe siècle. — *Le pont de bois.* Lavis bistre et bleu.

Haut. 0^m,22, larg. 0^m,35.

16. — BAUDUIN (François), école flamande, XVIIIe siècle. — *Paysage accidenté.* Lavis bistre et bleu.

Haut. 0^m,22, larg. 0^m,35.

17. — BAUDUIN (François), école flamande, XVIIIe siècle. — *Hangars en ruines.* Lavis bistre et bleu. — Cadre bois sculpté. — Signé F. Bauduin, *fecit* 1767.

Haut. 1^m,95, larg. 0^m,30.

18. — BAUDUIN (François), école flamande, XVIIIe siècle. — *Village.* Lavis bistre et sépia.

Haut. 0^m,23, larg. 0^m,43.

19. — BERNIN, école italienne. — *Poursuite d'Absalon.* Plume et lavis.

Haut. 0^m,19, larg. 0^m,29.

20. — BLOEMAERT. — Abraham. — *Sacrifice d'Abraham.* Plume et bistre.

Haut. 0^m,20, larg. 0^m,23.

21. — BOISSIEU (J.-Jacques de). — *Les Pères du désert.* Très belle épreuve.

22. — BOL (Ferdinand), école hollandaise, 1611-1681. — *Sacrifice d'Abraham.* Pierre noire rehaussée de blancs.

Haut. 0^m,24, larg. 0^m,34

23. — BOSSCHAERT (Thomas-Willebrod), école flamande, 1613-1654). — ***Désespoir d'artiste.*** Croquis à la plume.

Haut. 0^m,18, larg. 0^m,19.

24. — BUONAROTTI (Michel-Ange), école italienne, 1474-1564. — Fragment du tableau ***la Conversion de saint Paul.*** Chapelle Pauline au Vatican, groupe principal.

Dessin à la plume lavé de bistre sur papier blanc — cadre bois sculpté. — Ce remarquable dessin représente saint Paul à terre, cachant le sommet de sa tête avec son bras gauche ; autour de lui, quatre personnages, dont un se cachant la tête avec son bouclier.

Ce dessin a figuré à l'exposition d'Amiens en 1860, sous le n° 607.

Haut. 0^m,43, larg. 0^m,35.

Les œuvres de ce maître sont d'une rareté excessive, et il est si difficile d'en déterminer l'authenticité que nous avons fait reproduire par la photographie cette belle composition.

25. — BUONAROTTI (Michel-Ange). — ***Homme se cachant sous son bouclier.*** Étude à la plume pour le tableau de la Chapelle Pauline au Vatican.

Haut. 0^m,105, larg. 0^m,125.

26. — CAMBIASO (Luc), école italienne, 1580. — ***Groupe de personnages sous le portique d'un palais.*** Plume et bistre, — cadre bois sculpté.

Haut. 0^m21, larg. 0^m,30.

27. — CANGIAGE (Lucas), école italienne, XVIIIe siècle. — ***Adonis quittant Vénus.*** Plume et bistre, — papier blanc.

Haut. 0^m,28, larg. 0^m,21.

28. — CARPIONI (Jules), école italienne, 1611-1674. — *Circé*. Lavis.

Haut. 0m,37, larg. 0m,255.

29. — CARRACHE (Louis), école italienne, 1555-1619. — *Calvaire*. Au pied de la croix, les saintes femmes et saint François. Plume, lavé de bistre.

Au revers, beau croquis à la plume représentant la Vierge apparaissant à sainte Catherine, sainte Agnès et sainte Lucie. Cadre bois sculpté.

Haut. 0m,34, larg. 0m,195.

30. — CARRACHE (Louis), 1555-1619. — *Martyre d'un saint crucifié et lapidé*. Dessin à la plume.

Haut. 0m,23, larg. 0,16.

31. — CARRACHE (Annibal), école italienne, 1560-1649. — Divers croquis sur la même feuille. — Plume.

Haut. 0m,10, larg. 0m,17.

32. — CARRACHE (Augustin), école italienne, 1557-1602. — *Les Muses*. — Lavis de sanguine.

Haut. 0m,255, larg. 0m,185.

33. — CIGNANI (Carlo), école italienne, 1628-1719. — *Groupe de nymphes*. — Dessin au bistre sur papier blanc.

Haut. 0m,26, larg. 0m,18.

34. — CONCA (Sébastien), école italienne, 1679-1764.? — L'*Adoration des Bergers*. — Joli dessin au lavis, exécution habile et spirituelle. — Cadre bois sculpté.

Haut. 0m,15, larg. 0m,27.

35. — COUSTOU (Guillaume), école française. — *Jeune femme et amours*. — Sanguine. — Cadre bois sculpté.

Haut. 0m,25, larg. 0m,16.

36. — COXCIE (Michel), école flamande, 1499-1592. — *Descente de croix.* — Très beau dessin à la plume. — Cadre bois sculpté.

Haut. 0m,335, larg. 0m,225.

37. — DEBARGE. — *Chef-d'œuvre d'écriture*, trophée à la gloire de Louis XVIII, date 1814.

38. — DELAFOSSE, école française, XVIIIe siècle. — Quatre *modèles de dessus de porte.* — Plume et lavis.

39. — DEMARTEAU (Gilles), école française, 1729-1776. — *Tête de saint embrassant le pied de l'Enfant-Jésus.* — Sanguine.

Haut. 0m,44, larg. 0m,32.

40. — DESFRICHES, école française, XVIIIe siècle. — *Paysage.* — Crayon et bistre.

Haut. 0m,175, larg. 0m,23.

41. — DESCOUTURES (Louis), école française, XIXe siècle. — *Sancho Pança.* Plume. — Signé.

Haut. 0m,18, larg. 0m,14.

42. — DIEPENBECK (Abraham Van), école flamande, 1607-1675. — *Pan poursuivant Syrinx.* Beau croquis à la plume.

Haut. 0m,155, larg. 0m,20.

43. — DUCQ (Jean le), école hollandaise, 1636-1692. — *Jeune femme debout, chantant et s'accompagnant sur un luth.* Très élégant dessin à mine d'argent sur vélin.

Haut. 0m,25, larg. 0m,155.

44. — DUMONT (Jean ou Jacques), école française, 1700-1781. — *Femme en prière.* Dessin à la sanguine. — Cadre en bois sculpté.

Haut. 0m,31, larg. 0m,19.

45. — DUQUESNOY (François, dit François flamand), école flamande, 1594-1642. — *Enfant debout, pleurant.* Très beau dessin à la sanguine.

Haut. 0^m,49, larg. 0^m,35.

46. — DYCK, école de Antoine. — *Jésus debout.* Étude pour le baptême du Christ, beau dessin à la pierre noire.

Haut. 0^m,31, larg. 0^m,15.

47. — EISEN (Charles), école flamande, 1722-1768. — *Enfance de Bacchus.* Plume et lustre.

Haut. 0^m,155, larg. 0^m,17.

48. — FRANCK (Jean-Baptiste), école flamande. — *Le repos dans le désert.* Plume et bistre. — Signé. — Cadre en bois sculpté.

Haut. 0^m,21, larg. 0^m,17.

49. — FARINATO (Paul), école italienne, 1522-1606. — *Plafond en quatre compartiments, composition relative à la gloire du catholicisme.* Plume et bistre. — Cadre en bois sculpté.

Haut. 0^m,36, larg. 0^m,46.

50. — GHEYN (Jacques de), école hollandaise, 1565-1625. — *Oiseaux morts plumés.* Plume.

Haut. 0^m,155, larg. 0^m.205.

51. — GHEYN (Jacques de), école hollandaise, 1565-1625. — *Études de chevaux.* Sur l'un d'eux un jeune enfant assis. Très beau dessin à la plume. — Cadre en bois sculpté.

Haut. 0^m,175, larg. 0^m,245.

52. — GHEYN (Jacques de). — *Singe assis.* Plume.

Haut. 0^m,057, larg. 0^m,049.

53. — GHEYN (Jacques de). — *Singe et chat.* — (Bertrand et Raton). Plume.

Haut. 0^m,095, larg. 0^m,16.

54. — GHEYN (Jacques de). — *Crapaud et insecte.* Plume et aquarelle.

Haut. 0^m,115, larg. 0^m,14.

55. — GHEYN (Jacques de). — *Guenon tenant son petit.* Une étude, plume.

56. — GIORGIONE (George Barbarelli dit), école italienne, 1478-1511. — *Savant méditant.* Plume.

Haut. 0^m,265, larg. 0^m,18.

57. — GOLTZIUS (Henri), école hollandaise, 1558-1617. *Saint Jérôme méditant.* Plume.

Haut. 0^m,23, larg. 0^m,175.

58. — GRAVELOT (Hubert), école française, XVIIIe siècle. — *La Cène.* Très joli dessin au lavis de sanguine avec encadrement. — Cadre en bois sculpté.

Haut. 0^m,18, larg. 0^m,235.

59. — GREUZE (Jean-Baptiste), école française, 1725-1805. — *Tête de jeune fille.* Buste, vue de trois quarts, elle est coiffée d'un bonnet à bords tuyautés. Très beau dessin sanguine. — Cadre en bois sculpté.

Haut. 0^m,28, larg. 0^m,21.

60. — GUIDE (Guido René dit) école italienne, 1575-1642. — *Femmes se promenant.* Étude de groupes, le principal déchiré à la partie inférieure. Beau dessin à la pierre noire. — Cadre en bois sculpté.

Haut. 0^m,19, larg. 0^m,255.

61. — HUET (d'après Jean-Baptiste). — *Le Retour du marché,* dessin aux crayons de couleur pour

la sœur Amélie. Paris, 1er novembre 1777. — Cadre en bois sculpté.

Haut. 0m,20, larg. 0m,285.

62. — HUET (Nicolas), école française, fin du XVIIIe siècle. — *Singe artiste*, croquis à la pierre noire, aquarelle.

Haut. 0m,168, larg. 0m,225.

63. — HULK (Abraham), école hollandaise, fin du XVIIIe siècle. — *Conférence dans une salle entourée de galeries.* Signé : A. Hulk, *picteriz* ; Ad. Viv, *del*, 1781.

Haut. 0m,165, larg. 0m,22.

64. — HULK (Abraham), école hollandaise fin du XVIIIe siècle. — *Baptême par immersion.* Dans le bassin d'un parc entouré de personnages appuyés sur des balustrades, un néophyte est baptisé par un autre personnage. — Très curieux dessin signé : A. Hulk, *picteriz* ; Ad. Viv, *del.*

Haut. 0m,165, larg. 0m,22.

65. — JANSSENS (Jérome), *Réunion de seigneurs devant un palais.* — Beau dessin à la plume lavé sur papier bleu.

Haut. 0m,27, larg. 0m,425.

66. — JOSEPIN (dit Joseph-Césari), école italienne, 1552-1640. — *Cérès changeant Stellio en lézard.* — plume lavé au bistre.

Haut. 0m,18, larg. 0m,22.

67. — JOUVENET (Jean), école française, 1644-1717. — *L'ange Raphael quittant Tobie.* — Beau dessin lavé de bistre, cadre en bois sculpté.

Haut. 0m,32, larg. 0m,275.

68. — LAAR (Pierre-Van), école hollandaise, 1613-1673. — *Joueurs de cartes et joueurs à la morra.* — Lavis sur papier gris, cadre en bois sculpté.

Haut. 0m,235, larg. 0m,36.

69. — LAGRENÉE (Louis-Jean-François), école française, 1724-1805. — *Mort de Didon*, importante composition, plume et lavis. — Cadre en bois sculpté.

Haut. 0m,23, larg. 0m,302

70. — LAIRESSE (Gérard), école française, 1640-1711. — *Stratonice*, dessin au lavis. — Étude pour le tableau du musée d'Amsterdam.

Haut. 0m,195, larg. 0m,19.

71. — LANCRET (Nicolas), école française, 1690-1743. — *Jeune femme dansant*, très beau dessin sur papier gris à la pierre noire, rehaussé de blanc. — Cadre en bois sculpté. — Au revers, études de mains.

Haut. 0m,33, larg. 0m,23.

72. — LARUE. — *Jupiter.* Deux dessins, plume et bistre.

Haut. 0m,17, larg. 0m,20.

73. — LA RUE (école française, XVIIIe siècle). — *Faune et jeunes Bacchants*, plume et bistre.

Haut. 0m,12, larg. 0m,13.

74. — LEBRUN (Charles), école française, 1613-1690. — *Groupe d'amours* (motif de plafond), beau dessin sur papier gris pierre noire, rehaussé de blanc. Cintré du haut, exposition d'Amiens, 1860, n° 606.

Haut. 0m,38, larg. 0m,45.

75. — LEBRUN (Charles). — *Bataille de Constantin contre Maxence*, très beau dessin à la plume.

Haut. 0m,19, larg. 0m,37.

76. — LEBRUN (École de Charles). — *Tête de guerrier coiffé d'un casque*, pierre noire et sanguine.
Haut. 0m,42, larg. 0m,305.

77. — LEFEBVRE (Claude). — *Tête de fillette*. Dessin aux crayons de couleur.
Haut. 0m,19, larg. 0m,155.

78. — LEPICIÉ (Nicolas-Bernard), école française, 1735-1784. — *Jeune femme* debout, le bras gauche appuyé. Sanguine. — Cadre en bois sculpté.
Haut. 0m,28, larg. 0m,20.

79. — LE SUEUR (Eustache), école française, 1617-1655. — *Étude de draperies*. Pierre noire rehaussée. — Cadre sculpté, très beau dessin.
Haut. 0m,27, larg. 0m,155.

80. — LE SUEUR (Eustache), école française, 1617-1655. — *Homme debout* appuyé sur un bâton, pierre noire rehaussée de blanc.
Haut. 0m,26, larg. 0m,16.

81. — LESUEUR (Eustache), école française. — *Jésus et la Cananéenne*, plume et bistre.
Haut. 0m,174, larg. 0m,125.

82. — LICINIO (Jean-Antoine, dit le Pordenone), école italienne, 1483-1539. — *Erato et Melpomène*. Plume, lavé de bistre ; beau dessin d'une grande noblesse de caractère. — Cadre en bois sculpté.
Haut. 0m,24, larg. 0m,205.

83. — LOO (Carle-Van), école française, 1705-1765. — Deux *Têtes de gardes françaises*, pierre noire, rehaussé de blanc sur papier bleu. — Cadre en bois sculpté.
Haut. 0m,232, larg. 0m,311.

84. — LUTHERBURG (Philippe-Jacques, dit Loutherbourg), école allemande, 1740-1812. — *Halte d'un troupeau* près d'une tour en ruines, divers personnages assis sous une tente et divers animaux. Très beau dessin au bistre. — Cadre en bois sculpté.

Haut. 0^m,215, larg. 0^m,27.

85. — MAIEDT, école allemande, XVIIIe siècle. — *Destruction d'idoles.* Plume lavée de bistre. — Cadre en bois sculpté.

Haut. 0^m, 135, larg. 0^m,155.

86. — MAZZUOLI (Michel), école italienne, fin du XVIe siècle. — Groupe de *Personnages vidant un coffre.* Plume et bistre.

Haut. 0^m,18, larg. 0^m,28.

87. — MOLA (Francisco), école italienne, 1614-1651. — *La Flagellation,* plume et lavis.

Haut. 0^m,26, larg. 0^m,20.

88. — METZU, genre de Gabriel, école hollandaise. — *Femme revenant du marché.* Pierre noire.

Haut. 0^m,225, larg. 0^m,017.

MICHEL-ANGE. — Voyez *Buonarotti.*

89. — M. T. R. (Monogramme), école hollandaise, 1612. *Melpomène.* Plume.

Haut. 0^m,27, larg. 0^m,165.

90. — NANTEUIL (Robert), école française, 1625-1678. — *Portrait d'homme en buste.* Dessin, pierre noire, rehaussée de blanc.

Haut. 0^m,35, larg. 0^m,28.

91. — NIEULANT (Guillaume Van), école flamande, 1584-1665. — *Ruines des thermes de Constantin.* Plume. — Signé.

Haut. 0^m,245, larg. 0^m,195.

92. — NEUVILLE (Alphonse de), école française, 1836-1885. — *Soldat assis blessé.* Lettre majuscule V au pied de laquelle un soldat de la mobile est assis sur un tertre, la jambe gauche repliée. Ce dessin avait été exécuté pour un ouvrage relatif à la ville de Versailles. — Signé daté 1881, *A mon frère Léon.*

Haut. 0m,23, larg. 0m,19.

93. — NOORT (Adam Van), école flamande, 1557-1641. *Jésus chez Marthe et Marie.* Très belle composition digne de Rubens. OEuvre d'un beau caractère. Dessin au bistre rehaussé de couleur. — Cadre en bois sculpté.

Haut. 0m,22, larg. 0m,24.

94. — OVERLAET, école hollandaise, XVIIe siècle. — *Rat pris au piège.* Dessin aquarelle.

Haut. 0m,195, larg. 0m,325.

95. — PALMÉRIUS, école italienne, XVIIe siècle, *Pied gauche.* Grandeur naturelle. Remarquable dessin à la plume, d'un fini précieux.

Haut. 0m,235, larg. 0m,13.

96. — PARMESAN (Francesco Mazzuoli). — *Le Repos de la Sainte Famille.* Dessin au crayon, lavé au bistre et rehaussé de blanc sur papier bleu. — Cadre en bois sculpté.

Haut 0m,20, larg. 0m,16.

97. — PARMESAN (École de), école italienne, XVIIe siècle, *Groupe d'apôtres pour la Pentecôte.* Plume. — Cadre en bois sculpté.

Haut. 0m,27, larg. 0m,17.

98. — PARROCEL (Charles), école française, 1688-1752. *Tête de chevaux.* Pierre noire. Rehausse.

Haut. 0m,205, larg. 0m,25.

99. — PARROCEL (Charles), école française. — *Choc de cavalerie.* Dessin à la plume et lavis, composition pleine de furie.

Haut. 0m,30, larg. 0m,20.

100. — PEREDA (Antoine de), école espagnole, 1599-1659. — *La Vierge apparaissant à Saint-François* et lui désignant le lieu où il doit construire une abbaye. Beau dessin, plume, pierre noire et lavis rehaussé. — Cadre en bois sculpté.

Haut. 0m,20, larg. 0m,345.

101. — PERRIER (François), école française, 1584-1650. — *Saint Paul.* Plume et bistre.

Haut. 0m,14, larg. 0m,155.

102. — PIERRE (Jean-Baptiste-Marie), école française. — *Étude pour un Christ descendu de la croix.* Plume et bistre.

Haut. 0m,19, larg. 0m,31.

103. — PIOMBO (Luciano, dit fra Sebastien del), école italienne, 1485-1547. — *Saint évêque revêtu d'habits sacerdotaux.* Très beau dessin à la sanguine. — Cadre en bois sculpté.

Haut. 0m,35, larg. 0m,22.

104. — PRIMATICE (François Primatico, dit), école italienne, 1490-1570. — *Diane couchée*, trois amours et deux têtes de curieux. Beau dessin dans lequel nous croyons reconnaître Diane de Poitiers. Plume et bistre. — Cadre en bois sculpté.

Haut. 0m,15, larg. 0m,275.

105. — PRIMATICE (François Primatico, dit). — *Étude de femme nue couchée.* Plume. — Cadre en bois sculpté.

Haut. 0m,16, larg. 0m,13.

106. — PUGET (Pierre), école française, 1621-1694. — *Étude d'homme nu, le genou gauche à terre.* Beau dessin à la pierre noire, rehaussé de blanc. Étude de tête et étude d'un mouvement de bras.

Haut. 0m,37, larg. 0m,25.

107. — PUNT (Jean), école hollandaise, 1711-1779. — *Pastorale.* Sous un riche berceau enguirlandé, une femme entourée d'amours se défend ; au fond, un amour élève sa torche. Plume et lavis rehaussé. — Signé : J. Punt, inv., 1741.

Haut. 0m,24, larg. 0m,19.

108. — REGNIER. XIXe siècle. — *Ruines de Pierrefonds; Ruines de Couci.* Deux sépias.

109. — REMBRANDT (École de). — *Jésus et la Samaritaine.* Plume et bistre.

Haut. 0m,15, larg. 0m,20.

110. — RIGAUD (Hyacinthe), école française, 1659-1743. *Portrait d'homme.* Beau dessin à la plume noire, rehaussé de blanc. — Cadre en bois sculpté.

Haut. 0m,25, larg. 0m,19.

111. — RIVAROL. XIXe siècle. — *Plage à marée basse.* Aquarelle.

112. — ROMAIN (Jules-Pippi, dit). École italienne, 1499-1546. — *Bacchanale.* Très beau dessin à la plume lavé de bistre. — Ce dessin remarquable a été décrit par M. Darcel dans la *Gazette des Beaux-Arts*, tome VII, p. 98.

Haut. 0m,23, larg. 0m,33.

113. — ROTELLI. — *Esclave d'un tombeau des Médicis.* Plume et lavis.

Haut. 0m,19, larg. 0m,12.

114. — RUBENS (École de). — *Femme coiffée d'un turban.* Beau dessin aquarellé. — Cadre en bois sculpté.

Haut. 0^m,205, larg. 0^m,165.

115. — RUBENS (d'après Pierre-Paul), école française. — *La Vierge et saint Jean.* Beau dessin au lavis. Cadre bois sculpté.

Haut. 0^m,285, larg. 0^m,19.

116. — SAINT-AUBIN (Gabriel de). École française, 1724-1783. — *Groupe de jeunes femmes.* Elles sont assises et causent, vêtues et coiffées du meilleur goût ; un domestique leur apporte des rafraîchissements. Très beau dessin exécuté à la mine de plomb. Cadre bois sculpté.

Haut. 0^m,185, larg. 0^m,26.

117. — SAINT-AUBIN (Gabriel de). — *Groupe de femmes debout causant ;* un gentilhomme les interpelle. Vêtues de robes à parures et coiffées très élégamment ; l'une d'elles se retourne pour écouter le jeune homme. Pendant du précédent.

118. — SAINT-AUBIN (Gabriel de), école française. — *Promenade sur l'eau.* Dans une barque, des seigneurs et dames assis ; à l'avant, un pêcheur. Mine de plomb.

Haut. 0^m,19, larg. 0^m,29.

119. — SAINT-AUBIN (Gabriel de). — L'*Embarquement.* Un personnage turc reçoit des dames et leur indique le vaisseau sur lequel elles doivent embarquer. Mine de plomb. Pendant du précédent.

120. — SCHENAU, école française, XVIIIe siècle. — *Le banc rompu.* Plume et Lavis.

Haut. 0m,12, larg. 0m,12.

121. — SODOMA (Jean-Antoine Razzi ; dit). — *Mise au tombeau.* Importante composition à la plume lavée de bistre.

Haut. 0m,195, larg. 0m,16.

122. — SOLIMÈNE (François), école italienne, 1657-1747. — *Vision de saint Antoine de Padoue.* Sanguine.

Haut. 0m,145, larg. 0m,215.

123. — TEMPESTA (Antonio), école italienne, 1555-1630. — *Soldats endormis.* Composition destinée à une résurrection au revers. Baptême du Christ. Dessin à la plume. — Signé du Monog. Cadre en bois sculpté.

Haut. 0m,12, larg. 0m,165.

124. — TEMPESTA (attribué à). — *Bataille d'Alexandre.* Plume et lavis. — Cadre sculpté.

Haut. 0m,27, larg. 0m,28.

125. — TORRENVLIET (Jacques), école hongroise, 1641-1719. — *Jeune homme tenant son chapeau devant lui.* Deux études. Même feuille sanguine et pierre noire.

Haut. 0m,145, larg. 0m,175.

126. — TOURNIÈRES (Robert), école française, 1668-1752. — *Portrait d'homme tenant une plume de la main droite.* Étude de costume. Pierre noire rehaussée de blanc. Cadre bois sculpté forme ronde, à guirlandes de feuilles et nœud de rubans.

Diam. 0m,245.

127\. — VELASQUEZ (Don Diego Rodriguez de Silva). École espagnole, 1599-1660. — *Intérieur d'un ouvroir.* Plume et bistre. Très beau dessin curieux et d'une limpidité extraordinaire.

Haut. $0^{m},21$, larg. $0^{m},42$.

128\. — VERDUSSEN (Jean-Pierre), école flamande. Mort en 1763. — *Dispute de soldats et paysans.* Plume et lavis.

Haut. $0^{m},17$, larg. $0^{m},29$.

129\. — VÉRONÈSE (Paul Caliari ; dit), école italienne, 1530-1543. — Sujet allégorique de l'*Histoire de Venise.* Très beau dessin lavis de pierre noire rehaussé de blanc, sur papier brun. forme cintrée.

Haut. $0^{m},405$, larg. $0^{m},345$.

130\. — VERONÈSE (Paul Caliari, dit). — *La Femme adultère.* Dessin à la plume lavé de bistre.

Haut. $0^{m},107$, larg. $0^{m},326$.

131\. — VÉRONÈSE (Paul Caliari, dit), école italienne. — *Pâtre et jeune garçon.* Plume et bistre.

Haut. $0^{m},21$, larg. $0^{m},27$.

132\. — VÉRONÈSE (École de). — *Allégorie relative à un cardinal.* Pierre noire rehaussée de blanc.

Haut. $0^{m},40$, larg. $0^{m},60$.

133\. — VOS (Martin de), école flamande, 1531-1603. — *Jeune femme assise près d'une table chargée de fruits.* Plume lavée noir et bistre, rehausssé de couleur. — Dans un coin, le monogramme du maître.

Haut. $0^{m},22$, larg. $0^{m},21$.

134. — WAGENNAAR (P.). XVIIIe siècle. — *La Foi*. Frontispice de livre. Plume et lavis.

135. — WATERLOO (Antonio), école flamande, 1600?-1662. — *Route sous bois*. Sur la route, personnage assis et cavalier. Joli dessin au bistre. — Cadre bois sculpté.

Haut. 0m,13, larg. 0m,17.

136. — WEIROTTER, école allemande, 1730-1771. — Paysages. *Lisières de bois*. Lavis légèrement teinté.

Haut. 0m,17, larg. 0m,21.

137. — WILLE (Jean-Georges). — *Vieille femme de Normandie*. Pierre noire. Chairs à la sanguine.

Haut. 0m,18, larg. 0m,11.

138. — ZUCCHARO (Frédéric), école italienne, 1543-1609. — *Nativité*. Plume et bistre sur papier bleuté. Ex. collection A. Scensier.

Haut. 0m,29, larg. 0m,20.

139. — ZUSTRIS (Lambert). — *Joseph et Putiphar*. Plume et bistre.

Haut. 0m,235, larg. 0m,36.

140. — École française fin du XVIIIe siècle. — *L'Amour et la Folie offrent leurs talents à un jeune prince placé sous l'égide de Mercure*. Au bas de ce dessin exécuté au lavis on lit : « Recevés le tribut de nos talents. » Forme ronde. — Cadre bois sculpté à guirlandes de feuillages et nœud de rubans.

Diam. 0m,245.

141. — École française. XVIIIme siècle. — *Bacchante et jeune Bacchante, faune soufflant dans une trompe*. Au revers, *Bacchus*. Sanguines.

Haut. 0m,27, larg. 0m,18.

142. — École française époque Louis XVI. — *Portrait de jeune fille*, dessin aquarellé. — Cadre bois sculpté.

Haut. 0m,085, larg. 0m,085.

143. — École française, XVIIe siècle. — Deux motifs d'ornementation pour cadres, et deux croquis de lévrier. Crayon noir et sanguine même feuille.

Haut. 0m,175, larg. 0m,215.

144. — École française, XVIIIe siècle. — *Tête de jeune fille*. Sanguine.

Haut. 0m,21, larg. 0m,15.

145. — École française. — *Tombeau de J.-J. Rousseau*, à Ermenonville. Lavis.

Haut. 0m,49, larg. 0m,24.

146. — École française XVIIIe siècle. — *Rebecca et Eliezer*. Crayon, lavis et bistre.

Haut. 0m,295, larg. 0m,235.

147. — École flamande, fin du XVIe siècle. — Armoiries surmontées d'une couronne ducale avec tenants. Plume et lavis. — Cadre bois sculpté.

Haut. 0m,185, larg. 0m,135.

148. — École hollandaise. XVIIIe siècle. — *Artiste assis dessinant*. Lavis.

Haut. 0m,145, larg. 0m,20.

149. — École hollandaise. XVIIe siècle. — *Halte d'un convoi*. Plume et lavis.

Haut. 0m,17, larg. 0m,30.

150. — École italienne, XVIe siècle. — *Jésus au jardin des Oliviers*. Très beau dessin lavé de noir et

de bistre rehaussé. — Cadre en bois sculpté. Au revers, une note datée 1592-1593.

Haut. 0m,335, larg. 0m,25.

151. — École italienne, XVIIe siècle. — *Mariage antique.* Plume.

Haut. 0m,195, larg. 0m,225.

152. — École italienne, XVIIIe siècle. — *Amour.* Homme couché et cartouche. Plume et bistre.

Haut. 0m,155, larg. 0m,265.

153. — École italienne, XVIIe siècle. — *Moïse sauvé des eaux.* Plume et bistre.

Haut. 0m,25, larg. 0m,19.

154. — École italienne, XVIIe siècle. — *Scène d'enchantement.* Plume.

Haut. 0m,20, larg. 0m,32.

155. — École italienne, XVIIe siècle. — *Jésus et les disciples d'Emmaüs.* Lavis de bistre.

Haut. 0m,31, larg. 0m,22.

156. — École italienne, XVIIe siècle. — *Marche allégorique.* Plume et bistre.

157. — CATHELIN (Louis-Jean), école française, 1739, 1798. VERNET (d'après les tableaux de Claude Joseph), né à Avignon en 1714, mort en 1789, École française. — Paysage. *Le Matin.* — Paysage. *Le Midi.* — Paysage. *Le Soir.* — Marine. *La Nuit*, au pinceau lavés d'encre de Chine sur papier blanc.

Haut. 0m,417, larg. 0m,576.

Ces quatre grands dessins ont servi à Louis-Jean Cathelin pour faire les gravures qu'il a dédiées à M. le marquis de Marigny; les tableaux originaux, commandés à Vernet pour le château de Choisy, ont paru au Salon de 1765 avec le titre des quatre parties du jour; ils ornaient le palais de Saint-Cloud avant la guerre. — Beaux cadres en bois sculptés.

VERNET (d'après J.). *Le Matin, le Soir.* Deux gravures par CATHELIN.

TABLEAUX

158. — BAILLY (Léon), né à Saint-Omer, 1833?-1871. — *Abailard se défendant devant le concile de Sens* (1140). — Salon de 1861.

Toile. — Signé date 1861. — Haut. 1m,13, larg. 1m,86.

159. — CRAEYER (Gaspard de). — *Tête d'enfant.*

Bois. — Cadre bois sculpté. — Haut. 0m,25, larg, 0m,21.

160. — FIORI (Mario). — *Vases ornés de fleurs à l'entrée d'un parc.*

Toile. — Haut. 0m,73, larg. 0m,49.

161. — FLORIS (François de Vriendt, dit Frans). — *Bacchant et femmes.* Bustes.

Bois. — Cadre bois sculpté. — Haut. 0m,57, larg. 0m,80.

162. — HEEM (attribué à David de). — *Bouquet de fleurs.* Dans un vase de cristal posé sur un appui de pierre.

Toile. — Cadre bois sculpté. — Haut. 0m,53, larg. 0m,45.

163. — JORDAENS (Jacques), école flamande, 1593-1678. — *Portrait d'un abbé.* Il est représenté, vu de trois quarts, assis dans un fauteuil, les

bras appuyés, tenant de la main gauche un livre.

Toile. — Cadre bois sculpté. — Haut. 0m,80, larg. 0m,98.

164. — LANCRET (Nicolas). — *Concert dans un parc.* Jolie composition. Six personnages. Panneau décoratif.

Toile. — Cadre bois sculpté. — Haut. 0m,83, larg. 1m,05.

165. — MAGAUD (Dominique-Antoine), école française (XIXe siècle). — *Le Printemps de la vie.*

Bois. — Œuvre reproduite en lithographie. — Haut. 0m,50, larg. 0m,80.

166. — MACÉ. École française, XVIIIe siècle. — *Portrait d'homme.*

Toile ovale. — Cadre bois sculpté. — Haut. 0m,56.

167. — MARTIN (D.-J.), école française (XVIIIe siècle). — *Lion et chien.* Deux grisailles. Imitation de bas-reliefs.

Toile. — Cadre bois sculpté. — Haut. 0m,29, larg. 0m,375.

168. — OSTADE (École de). — *Fumeurs.*

Toile. — Haut. 0m,26, larg. 0m,21.

169. — REMBRANDT (d'après). — *Tête de vieillard,* coiffé d'un turban.

Bois. — Cadre bois sculpté. — Haut. 0m,235, larg. 0m,175.

170. — SOLIMENE (genre de). — *La Transfiguration.*

Toile. — Haut. 0m,34, larg. 0m,27.

171. — VIEN (Joseph-Marie), école française, 1716-1809. — *Hérodiade recevant la tête de saint Jean.*

Toile. — Cadre bois sculpté. — Haut. 0m,57, larg. 0m,42.

172. — École française (XVIIIe siècle). — *Amour assis.*

Toile. — Cadre bois sculpté. — Haut. 0m,34, larg. 0m,26.

173. — École italienne. — *Grégoire XIII, pape.*

Bois. — Cadre bois sculpté, haut. 0m,21, larg. 0m,16.

174. — École italienne. — Deux sujets allégoriques; *Triomphes*.

Toile. — Cadre bois sculpté. —Haut. 0m,08, larg. 0m,51.

175. — Sous ce numéro, environ 30 tableaux et études diverses.

GRAVURES

176. — ANONYME. — *Abdul-Hamid*, empereur des Turcs. Belle épreuve.

177. — AVED (d'après). — *Ch.-Jos. de Pollinchove*. Gravé par Mellini.

178. — BERGHEM (d'après Nicolas). — *Le Rachat de l'Esclave*. Belle épreuve gravée par Aliamet. — Cadre en bois sculpté.

179. — BERGHEM (d'après). — *Chasse aux cerfs*. Gravé par Aliamet.

180. — BLOEMAERT (d'après Abraham). — *Homme jouant du rommelpot*.

181. — CALLOT (Jacques), école française. — *Vue de la Tour de Nesle*.
— *Carrière de Nancy*.
— *Fête villageoise*.
— *Fêtes de Nancy*, 8 chars.
— *Misères de la guerre*, 3 pièces.
— *Grotesques*, 3 pièces.
— *Gueux*, 3 pièces.
— *Passion*, 2 pièces.
— *Tentation de saint Antoine*.
— *Tentation de saint Antoine*. Copie.

182. — COCHIN (d'après). — *Portrait de Claude-Alexandre de Villeneuve*, comte de Vence. Gravé par Wattelet.

183. — DESROCHERS (gravé par). — *Portrait de François de Valbelle*, évêque de Saint-Omer. — Cadre en bois sculpté.

184. — DE TROY (d'après). — *Histoire d'Esther et Assuérus*. 7 pièces gravées par Beauvarlet.

185. — DOMINIQUIN. — Deux fresques de Rome : *Fortitudo* et *Voluptatum*, gravés par Pio, et 6 pièces non encadrées.

186. — DURER (Albrecht). — *Le Chevalier et la Mort*. Belle épreuve. Cadre en bois sculpté.

187. — DYCK (d'après A.). — *Saint Bartholomé*. Gravé par Galle.

188. — DYCK (d'après A. Van). — *Portrait de Charles Ier d'Angleterre*, en buste. — Cadre en bois sculpté.

189. — GOLTZIUS. — *Le Repos en Égypte*. Gravé par lui-même. Belle épreuve. — Cadre en bois sculpté.

190. — HONTHORST (Gérard). — *Guillaume II de Nassau*. Gravé par L. Saillar. Belle épreuve encadrée.

191. — IODE (Peter de). — *Le Repos en Égypte*. Belle épreuve.

192. — JORDAENS (d'après et autres). — 10 pièces sans cadres.

193. — JOUVENET (d'après). — *Portrait du duc de Berwick*. Gravé par Drevet.
— *Camus de Pontcarré*, par Drevet.

194. — LARGILLIÈRE (d'après). — *Mitantier.* Gravé par Drevet.

195. — LEBRUN (d'après Charles). — *Les Nations du monde.* 4 pièces gravées par Lone et Sarugue.

196. — MEULEN (Van der). — *Siège de Douai.* Gravé par Bonnart. Belle épreuve.

197. — MIÉRIS (d'après). — *Tricoteuse hollandaise, Cuisinière hollandaise.* Gravées par J.-G. Wille. Deux belles gravures encadrées.

198. — MOMAL (de Valenciennes). — *Faune et bacchante.* Eau-forte.

199. — MOREAU (le Jeune). — *A la reine.* Gravé par Le Mire. Belle épreuve. — Cadre bois sculpté,

200. — NORBLIN DE LA GOURDAINE. — *Marchand de mort-aux-rats.* Eau-forte originale. — Cadre bois sculpté.

201. — PIAZETTA (d'après). — Quatre pièces gravées par Cavalli et Pitteri.

202. — PIRANESI. — Lot considérable d'eaux-fortes. Vues de Rome et monuments d'Italie. Environ 120 pièces dont 14 encadrées. — Sera vendu par lots.

203. — RAPHAEL (d'après). — *Cardinal Polus.* Gravé par Larmessin.

204. — RAPHAEL (d'après). — *La Transfiguration.* Gravé par G. Pavon. Belle épreuve sur Chine. — Cadre bois sculpté.

205. — REMBRANDT (Van Ryjn). — *La Fuite en Égypte.* C. B. 28.
— *La Nativité*, C. B. 18.
— *Descente de croix*, C. B. 58.
— *Femme allant au marché.* (Pièce douteuse.)
— *Tête de vieillard* coiffé d'un bonnet fourré. C. B. 302.
— *Rembrandt*, vu de face, gravant, C. B. 228.
— *Le Dessinateur*, C. B. 100.
Cadres en bois sculpté.

206. — REMBRANDT (d'après). — *Platon le juif.* Cadre en bois sculpté.

207. — RESTOUT (d'après). — *Jésus au jardin des Oliviers.* Gravé par Drevet. Très belle épreuve.

208. — RIGAUD (d'après). — *Boileau.* Gravé par Chereau.

209. — RIGAUD (d'après H.). — *Louis Dauphin.* Gravé par Drevet.

210. — RIGAUD (d'après H.). — *D'Herbault.* Gravé par Drevet.

211. — RIGAUD (d'après H.). — *Duc de Villeroy.* Gravé par Edelinck.

212. — RIGAUD (d'après). — *L.-Antoine de Pardaillan.* Gravé par Chereau.

213. — RUBENS (d'après). Gravé par Simoneau, Audran, Trouvain.
— *Voyage de la reine au Pont-de-Cé.* — Cadre bois sculpté.
— *Henri IV délibère sur son futur mariage.*
— *Échange des deux reines.*
— *La Ville de Lyon va au-devant de la Reine.*

214. — RUBENS (d'après). — *Pan et Syrinx.* Belle épreuve. Gravée par Voet.

215. — RUBENS (d'après). — *Loth et ses filles fuyant Sodome.* Gravé par Vorstermann.

216. — SCHMIDT (d'après John). — *Paysages.* Gravés par Woollett. Deux belles épreuves.

217. — STRADA. — *Le Crucifiement.* Belle épreuve. — Cadre en cuivre.

218. — TENIERS (David). — *Musico hollandais.* Eau-forte. — Cadre bois sculpté.

219. — *Voyage en Chine.* Six pièces, S. C.

220. — VOIRIOT (d'après). — *Portrait de Nicolas Chanlatte.* Gravé par Duchesne.

221. — WILLE (J.-G.). — *Bonne femme de Normandie,* d'après le dessin de P.-A. Wille fils. Belle épreuve.

222-223. — Lots de gravures anciennes, parmi lesquelles des œuvres de Delafosse, Bibiena, Lepautre, Marot, Toro et autres maîtres.

FAIENCES ANCIENNES

224. — Delft. — Deux **potiches** couvertes à pans et parties côtelées, personnages chinois, décor bleu.

225. — Delft. — Deux beaux **Plats**, décor bleu.

226. — Delft. — Deux beaux **Plats**, décor bleu.

227. — Delft. — **Plat** fleurettes, décor bleu.

228. — Delft. — **Plat** fleurettes, décor bleu.

229. — Delft. — Petite **Bouteille** panse octogone, décor bleu.

230. — Delft. — **Cornet** à reliefs, pêcheurs, décor bleu.

231. — Delft. — **Plat**, décor polychrome.

232. — Delft. — **Bouteille** panse ronde, décor bleu.

233. — Delft. — **Plat** à surface godronnée, personnages chinois et fleurs, décor bleu.

234. — Delft. — **Plat** à fleurs, décor bleu.

235. — Delft. — **Plat** à rosace, décor bleu.

236. — Delft. — **Bol**, fleurs et arbustes, décor bleu, fêlé.

237. — Delft. — **Bol**, surface godronnée, décor bleu, fêlé.

238. — Delft. — **Plat**, personnages chinois, décor bleu.

239. — Delft. — Deux **Plats**, personnages chinois et paysage, décor bleu.

240. — Delft. — Petite **Bouteille** octogone, zone en relief sur la panse, personnages chinois, décor bleu.

241. — Delft. — **Pichet**, chinois, décor bleu.

242. — Delft. — **Plat** à rosace, décor bleu.

243. — Delft. — **Plat**, paysage polychrome, fêlé.

244. — Delft. — Grand **Cornet**, surface côtelée, décor bleu.

245. — Delft. — **Potiche** à panse plate, décor bleu. Forme très curieuse et rare.

246. — Delft. — **Potiche** ronde, décor bleu.

247. — Delft. — Deux petites **Potiches**, décors différents, bleu.

248. — Delft. — Deux petits **Bols**, décor bleu.

249. — Delft. — **Plat** orné de grappes de raisin, décor bleu et vert.

250. — Delft. — **Potiche** couverte personnages chinois, décor bleu, couvercle réparé.

251. — Delft. — Paire de **Bouteilles**, panse octogone, décor bleu.

252. — Delft. — **Potiche** couverte, décor bleu.

253. — Delft. — **Potiche** couverte, décor bleu, réparée.

254. — Delft. — Paire de **Potiches** à relief, pêcheurs, décor bleu.

255. — Delft. — **Potiche**, décor bleu.

256. — Delft. — **Potiche**, décor fleurs bleues.

257. — Delft. — **Potiche** côtes godronnées, décor bleu.

258. — Delft. — **Beurrier**, personnages chinois, décor bleu.

259. — Delft. — **Huilier** avec burettes en verre, décor bleu.

260. — Delft. — **Plat** à caissons, décor bleu.

261. — Delft. — Deux **Plats**, décor bleu.

262. — Delft. — Deux **Plats**, fleurettes, décor bleu.

263. — Delft. — Deux **Plats**, rosace au centre, décor bleu.

264. — Delft. — Deux **Plats**, rosace au centre, décor bleu.

265. — Delft. — Deux **Plats**, rosace au centre, décor bleu.

266. — Delft. — **Plat**, rosace au centre, décor bleu.

267. — Delft. — **Plat**, rosace au centre, décor bleu.

268. — Delft. — **Plat**, rosace au centre, décor bleu.

269. — Delft. — **Plat**, rosace au centre, décor bleu.

270. — Delft. — **Plat**, rosace au centre, décor bleu.

271. — Delft. — Six **Assiettes**, décors variés polychromes.

272. — Delft. — Paire de petites **Bouteilles**, décor bleu.

273. — Delft. — Petit **Pichet**, personnages chinois, décor bleu, et potiche à décor manganèse.

274. — Delft. — Autre plus petit et une **Burette**, décor bleu.

275. — Delft. — Sous ce numéro, diverses pièces non décrites.

FAIENCES DIVERSES ANCIENNES

276. — Islettes. — **Corbeille** rectangulaire et son plateau, décor personnages chinois, polychrome.

277. — Islettes. — Deux **Corbeilles** ovales, avec plateaux, décor polychrome, roses et œillets.

278. — Aprey. — **Beurrier** couvert, décor d'oiseaux polychrome, couvercle fracturé.

279. — Strasbourg. — **Soupière** ovale, décor polychrome, fleurs, fêlure.

280. — Saint-Omer. — **Groupe** d'amours musiciens jouant de divers instruments, celui du sommet frappant des timbales.

281. — Rouen. — **Fontaine** à accrocher, décor polychrome à cinq tons avec vasque, couvercle et dosseret fracturé.

282. — Rouen. — **Soupière** et **plat oblongs**, forme contourne, décor polychrome à la corne (fêlure au plat).

283. — Aire. — Petite **Corbeille** émaillée jaune ; à l'intérieur paysage au manganèse.

284. — **Soupière** ovale couverte, forme rocaille à reliefs, décor vert.

285. — Islettes. — Paire de **Sucriers** non couverts avec leurs plateaux, décor polychrome, fleurs.

286. — Douai. — Pièce de **Surtout** à double rang de de coquilles surmontées d'une statuette représentant l'Abondance, décor bleu.

287. — Rouen. — **Cache-pot**, guirlande de fleurs, décor polychrome.

288. — Rouen. — Deux petites **Jardinières**, décor bleu.

289. — Rouen. — **Vasque** octogone polychrome.

290. — Rouen. — **Jardinière**, décor à lambrequins bleu.

291. — Rouen. — **Plat** oblong, décor bleu.

292. — Rouen. — Deux **Cache-pot**, décor bleu et décor polychrome.

293. — Rouen. — Deux petites **Jardinières** à accrocher, décor polychrome.

294. — Rouen. — **Jardinière** à accrocher, décor fleurs polychrome.

295. — Islettes. — **Soupière** ronde couverte, décor polychrome, fleurs, bouton rattaché.

296. — Saint-Amand. — **Soupière** ronde, décor bleu et blanc.

297. — Lille. — **Vase couvert**, époque Louis XVI signé L. P. Kan.

298. — Rouen. **Saucière**, décor fleurs polychrome, et cuvette octogone, fêlée.

299. — Saint-Omer. — Paire de **Pichets**, personnages assis, homme femme, décor polychrome, une anse fracturée.

300. — Saint-Omer. — Quatre **Flambeaux**, personnages chinois genou à terre, décor polychrome.

301. — Saint-Omer. — ***La Vierge***, **statuette**, décor polychrome.

302. — Saint-Omer. — Petite **Potiche** couverte ; mignonnette, fond bleu, imbrications blanches.

303. — Saint-Omer. — Quatre **assiettes** bleues, décor blanc, fleurs.

304. — Saint-Omer. — **Soupière** ronde émaillée bleu, décor fleurs blanc.

305. — Italie. — **Bénitier** avec figures d'anges en relief, décor bleu.

306. — Italie. — Autre **Bénitier** à reliefs, décor bleu.

307. — Meuse. — Grès émaillé brun, modèle *aux archers* (XVIe siècle).

308. — Meuse. — Grès gris et bleu, modèle dit *aux armes des électeurs*, XVIme siècle.

309. — Meuse. — Grès gris et bleu, **Encrier** et **Salière** XVIIe siècle.

310. — Meuse. — Grès gris et bleu, **Cruche** du XVIe siècle, anse fracturée, et une autre.

311. — Mag'hreb. — Deux **Plats** à couscous et deux **Aiguières**.

312. — Hispano-mauresques. — Cinq **Vases** ovoïdes, décor à reflets mordorés (XVIIe siècle).

313. — Rouen. — **Vase**, décor bleu, fracturé.

314. — Urbino. — **Aiguière**, décor polychrome.

315. — Urbino. — **Salière** à trois récipients portés par des génies, décor polychrome.

316. — Fratta. — **Coupe**, décor polychrome dit *graffito*.

317. — Abbruzes. — Paire de **Vases** à doubles anses, décor polychrome.

318. — Abbruzes. — Paire de **Cornets**, décor polychrome.

319. — Strasbourg. — **Porte-Burettes** ou **Huilier**, décor polychrome, fleurs.

320. — Rouen. — **Encrier** et **Porte-Burettes**, décor polychrome.

321. — Antique étrusque. — **Canthare** avec profils, femme et petite lampe.

322. — Desvres. — Deux **Plats**, décor polychrome, fleurs et oiseaux.

323. — Rouen. — Paire de **Jardinières** à accrocher, décor polychrome.

324. — Rouen. — **Compotier** carré, décor fleurs polychrome.

325. — Rouen. — **Compotier** rond, décor polychrome, à la corne fêlé.

326. — Rouen. — **Compotier** octogone, décor polychrome, à la corne.

327. — Douai. — **Vase** à reliefs, époque Louis XVI, **Soupière** et deux **Sucriers**.

328. — Douai. — **Saucière** et **Pot à lait**, décor bleu.

329. — Italie. — Grand **Plat** godronné.

330. — Desvres. — Deux **Plats**, décor polychrome.

331. — Delft. — Deux **Assiettes**, décor bleu.

332. — Strasbourg. — Trois **Assiettes** à fleurs, décor polychrome.

333. — Nevers. — **Assiettes**, décor polychrome.

334. — Islettes. — Quatre **Assiettes**, bouquets polychromes.

335. — Delft. — Quatre **Assiettes** polychromes et bleues. Deux fêlées.

336. — Samadet. — Deux **Assiettes**, décor fleurs.

337. — Delft. — Deux **Assiettes**, décor bleu.

338. — Inconnu. — Trois **Assiettes**, décor polychrome.

339. — Delft. — Deux **Plats** à rosaces, décor bleu.

340. — Desvres. — Deux **Plats**, bleu et polychrome.

341. — Strasbourg. — **Plat**, décor fleurs.

342. — Delft. — Trois **Plats**, décors divers bleus.

343. — Saint-Omer. — **Pot à eau** et **Cuvette**, décor bleu. Signé C.

344. — Douai. — **Pot à eau**, décor fleurs, et **Sucrier**, même décor.

345. — Douai. — **Saladier**, couverte brune, partie marbrée.

346. — Strasbourg. — **Plat** ovale, décor fleurs.

347. — Delft. — **Pot de pharmacie**, décor bleu.

348. — Strasbourg. — Deux **Soupières** ovales, décor fleurs.

349. — Douai. — Deux **Cache-Pot**, ornements en relief. — **Théière, Petit Pot**, et **Objets** divers.

350. — Rouen. — **Flacon-Tabatière**, décor marbré, avec attributs maçonniques.

351. — Urbino. — Très beau **Bénitier** à figures en relief, couronne et décor polychrome.

PORCELAINES ANCIENNES

352. — Chine. — Paire de **Bouteilles** à surface côtelée, décor bleu.

353. — Japon. — Paire de petites **Potiches**, décor polychrome.

354. — Chine et Inde. — Deux **Tasses** et **Soucoupes**, décor fleurs.

355. — Paris. — **Cafetière**, décor au barbeau.

356. — Chine. — **Pot à lait**, décor bleu, personnages.

357. — Saxe (?) — **Pot à lait**, décor fleurs.

358. — Paris. — **Cafetière**, décor polychrome fleurs. Signée A.

359. — Chine. — **Bol**, décor personnages, polychrome.

360. — Japon. — **Bol** côtelé, décor polychrome, chrysanthèmes.

361. — Japon. — Cinq **Tasses** et **Soucoupes** côtelées, décor polychrome et or.

362. — Louisbourg, 1758. — **Plat** rond à anses détachées, marli imitant la vannerie, décor polychrome fleurs, très belle qualité.

363. — Louisbourg. — **Compotier** de même décor et qualité.

364. — Louisbourg. — Quatre **Assiettes** de même décor et qualité.

365. — Japon. — Six **Assiettes**, décor polychrome.

366. — Japon. — Petit **Plat**, beau décor polychrome.

367. — Inde. — Vingt-quatre **Assiettes** plates, fleurs polychrome.

368. — Inde. — Onze **Assiettes** plates, décor fleurs polychrome.

369. — Chine. — Six **Assiettes** creuses, beau décor polychrome.

370. — Inde. — Cinq **Assiettes**, décor fleurs.

371. — Chine. — Trois **Assiettes** creuses, décor polychrome fleurs.

372. — Chine. — Deux **Assiettes** plate et creuse, même décor polychrome.

373. — Chine. — Deux **Assiettes** plates, décor fleurs.

374. — Inde. — Cinq, dont trois de même décor.

375. — Inde. — Six autres, décors variés.

376. — Chine. — Dix **Assiettes**, décor bleu, fleurs.

377. — Chine. — Dix autres, décor arbustes.

378. — Chine. — Neuf **Assiettes**, décor bleu, fleurs.

379. — Lille. — Pâte tendre. Deux **Assiettes** plates, bord contourné bleu avec semé de bouquets en rouge d'or. Ces deux échantillons fort rares sont marqués au Dauphin couronné.

380. — Arras. — Pâte tendre. Deux **Assiettes**, décor au barbeau bleu.

381. — Tournai. — Pâte tendre. Deux **Assiettes**, décor bleu, armoiries sur le marli.

382. — Japon. — Cinq **Tasses** et **Soucoupes**, décor polychrome, extérieur capucin.

383. — Japon. — Cinq **Tasses** et trois **Soucoupes**, extérieur capucin.

384. — Japon. — Trois **Tasses** et deux **Soucoupes**, extérieur capucin.

385. — Japon. — Six **Soucoupes**, décors variés.

386. — Chine. — Cinq **Tasses** mignonnettes, décor à perdrix rouge et or.

387. — Chine. — Cinq **Tasses** et deux **Soucoupes**.

388. — Chine. — Six **Tasses** et quatre **Soucoupes**.

389. — Sèvres, 1815. — **Tasse** et **Soucoupe**, décor bleu et or.

390. — Worcester. — **Assiette** à marli réticulé, fond bleu à réserves ornées d'oiseaux, et petite **Tasse**.

391. — Japon. — **Plat à barbe**, décor polychrome et or.

392. — Chine. — **Bol**, décor polychrome sur fond chamois.

393. — Chine. — **Bol**, décor polychrome.

394. — Chine. — **Bol**, décor polychrome.

395. — Chine. — **Bol**, décor polychrome.

396. — Chine. — **Cornet**, décor polychrome.

397. — Chine. Fabrique de Bokaro. — Petite **Théière**.

398. — Clignancourt. — **Pot à lait**, décor or, très belle qualité.

399. — Inde. — **Sucrier** couvert, décor polychrome, et **Moutardier**.

400. — La Courtille. — Deux **Saliers** à reliefs, décor bleu.

401. — Tournai. — Neuf **Pots à crème**, décor bleu.

402. — Sèvres, pâte tendre, année 1791. — Double PP. **Tasse** et **Soucoupe**, décor polychrome, bouquets de fleurs.

403. — Sèvres, 1787. — Deux **Tasses** et **Soucoupes**, pâte dure, décor fleurs polychrome.

404. — Paris. Fabrique de la rue du Pont-aux-Choux. — **Porte-Burettes**, décor or.

405. — Tournai. — Pâte tendre. **Chope**, décor bleu.

406. — Tournai. — Pâte tendre. Deux **Moutardiers**, petit **Bol**, décor bleu.

407. — Tournai. — Pâte tendre. **Pot à eau** et **Cuvette**, décor bleu.

408. — Tournai. — Pâte tendre. Deux **Sucriers** couverts, **Cafetière**, **Moutardier**, **Soupière** et **Plat**.

409. — Niedervillers. — *Joueur de cornemuse et bergère.* — **Statuettes** en biscuit.

410. — La Courtille. — *Mars et Minerve.* — Deux **Statuettes** en biscuit.

411. — Niedervillers. — **Pendule** biscuit, femme assise sur un tertre.

412. — Paris. — **Soupière** couverte, forme ovale, et son plat, décor au barbeau, marque A.

413. — Paris. — La Courtille. — **Plat** oval et **Encrier**, décor au barbeau.

414. — Chine. — Deux **Plateaux** hexagones, décor polychrome.

415. — Japon. — Petit **Pot à lait**, décor polychrome.

416. — Chine. — Quatre **Salières**, décor bleu.

417. — Chine. — Paire de **Bouteilles** à stries spiralées rouges, une ébréchée.

418. — Tournai. — **Pot à eau** fêlé.

419. — Lille. — Petite **Écuelle** à sorbets, couvercle fracturé, et deux **Couteaux**, manches en Tournai.

420. — Saxe. — **Coquetier** à pied mobile, fleurs en relief.

421. — Inde. — **Plat**, décor polychrome, fleurs.

422. — Paris, premier Empire. — Paire de **Vases** forme Médicis, avec trophées de musique et rehauts d'or.

423. — Chine. — **Vase Céladon** à reliefs gravés, monture en bronze doré, style Louis XV.

424. — Niedervillers. — Grand groupe en biscuit. — ***Appollon et les Arts libéraux.***

VERRERIE ANCIENNE

425. — Allemagne. — Trois **Flacons** émaillés avec pandour, servante et devise, époque Louis XVI.

426. — Hollande. — Deux paires de **Flacons** taillés avec guirlandes dorées, époque Louis XVI.

427. — Hollande. — **Verre** couvert, surface taillée, époque Louis XV.

428. — Hollande. — **Verre** gravé, fleurs, oiseaux, époque Louis XVI.

429. — Hollande. — **Verre** gravé, orné de pampres.

430. — Flandre. — Grande **Bouteille**.

431. — Flandre. — **Sucrier** plat, verre taillé, époque Louis XVI.

432. — Flandre. — Grand **Sucrier** avec son plateau, cristal taillé.

433. — Flandre. — Paire de **Flacons** gravés, époque Louis XVI.

434. — Flandre. — Paire de **Flacons** taillés, époque Louis XVI.

435. — Flandre. — Deux petits **Verres** gravés, époque Louis XVI.

436. — Flandre. — Huit **Verres** de diverses formes, dont un armorié, époque Louis XVI.

437. — Flandre. — Dix pièces, **Burettes** et **Flacons**, époque Louis XVI.

ARGENTERIE

438. — **Porte Burette-Huilier** de l'époque Louis XV, très belle forme, et ornementation, poinçonné aux armes de Saint-Omer et des lettres S O M ; poinçonné des lettres de maîtres E G, sous lesquelles une fleur de lis. Poids : 795 grammes.

439. — **Écuelle** de style Louis XV ; poids : 955 grammes. Exécutée par Lefèvre, de Paris.

440. — **Bonbonnière** en cristal, monture en argent ciselé et gravé, représentant la *Visite à la grand'-maman*, d'après Debucourt.

OBJETS DIVERS

441. — Ivoire. **Christ en croix**, époque Louis XV. — Haut. $0^{m},31$.

442. — Ivoire. **Poignard oriental** avec poignée en ivoire, porte-parfum ajouré orné de feuillages, art chinois.

443. — Époque du premier Empire. — **Peigne** bronze et argent doré, orné de perles.

444. — Émail de Saxe. **Encrier** fond blanc, décor bouquets. (XVIIIe siècle.)

444 *bis*. — Époque Louis XVI. **Boîte de nécessaire**, époque Louis XVI.

OBJETS D'AMEUBLEMENT ANCIENS

445. — Quatre **Fauteuils** noyer sculpté, époque Louis XVI.

446. — Huit **Chaises** bois sculpté, époque Louis XV.

447. — Paire de **Flambeaux** bronze argenté, époque Louis XV.

448. — **Miroir** Louis XIII, cadre noir orné de cuivres repoussés.

449. — **Miroir**, cadre en bois sculpté, époque Louis XIV.

450. — **Console** de l'époque Louis XVI, bois sculpté.

451. — Époque Louis XV. — **Caisse d'horloge** transformée en vitrine, chêne sculpté.

452. — Époque Louis XIV. — **Caisse d'horloge** en bois marqueté.

453. — **Pendule religieuse**, ébène et cuivre, époque Louis XIV. — Mouvement carré. Gaudron à Paris.

454. — Époque Louis XVI. — **Étagère** à consoles sculptées.

455. — *Empereur Romain.* **Statuette** en bois sculpté, (XVIIe siècle).

456. — **Meuble bahut** de l'époque Louis XIII, chêne sculpté à trois compartiments.

457. — Six **Chaises** sculptées, style Lous XIV, foncées de canne.

458. — **Baromètre**, bois sculpté doré, époque Louis XVI.

459. — **Glace**, époque Louis XIV. Cadre à fronton, bois sculpté.

460. — Deux **Chaises**, bois sculpté, époque Louis XV.

461. — **Commode** de l'époque Louis XVI, marqueterie de bois rose et de couleur orné de bronzes.

462. — **Table** carrée, époque Louis XV.

463. — Deux **Fauteuils**, bois sculpté, époque Louis XVI.

464. — Deux **Chaises** sculptées, époque Louis XV.

465. — **Fauteuil**, époque Louis XV.

466. — **Pendule**, marbre et bronze ciselés et dorés, époque Louis XVI, forme borne avec colonnettes en bronze, mouvement signé : Festeau, à Paris.

467. — **Armoire** en chêne sculpté, époque Louis XV.

468. — **Glace**, cadre bois sculpté, époque Louis XIV.

469. — Trois **Chaises** à croisillons, sculptées, époque Louis XV.

470. — **Glace**, cadre en bois sculpté, époque Louis XVI.

471. — **Table** carrée sculptée, époque Louis XV.

472. — **Table** rectangulaire sculptée, époque Louis XV, avec marbre.

473. — **Bureau** plat, époque Louis XV, bois peint noir avec bronzes.

474. — **Console** sculptée, époque Louis XV, avec marbre des Pyrénées.

475. — **Bénitier**, cuivre repoussé, époque Louis XV.

476. — **Mobilier de salon**, époque Louis XV : canapé, 2 bergères, 4 fauteuils.

477. — **Lit** de l'époque Louis XV, sculpté.

478. — Six **Fauteuils** sculptés, époque Louis XV.

479. — **Table** sculptée, de même époque.

480. — Grand **Tabouret** sculpté, époque Louis XV.

481. — **Console** sculptée, époque Louis XVI.

482. — **Commode** à deux tiroirs, marqueterie de bois, époque Louis XVI.

483. — *Saint Evêque assis bénissant*, bois sculpté (XVIe siècle). **Statuette**, polychrome.

484. — **Console** demi-lune, bois sculpté, époque Louis XVI.

485. — **Paravent** à six feuilles peintes à l'huile, corbeilles de fleurs, époque Louis XV.

486. — **Table** en chêne du XVIe siècle.

487. — **Meuble** à deux corps, partie supérieure vitrée avec sculptures, époque Louis XIV.

488. — Paire de **Vases** en terre cuite, avec rinceaux et têtes de bouc, époque Louis XVI.

489. — Paire de **Fûts** cannelés, époque Louis XVI.

490. — **Glace** Louis XIII, avec cadre orné de cuivres repoussés.

491. — Deux **Tabourets**, époque Louis XIII, pieds tournés.

492. — Paire de **Flambeaux** bronze, époque Louis XV.

493. — **Pendule** en vernis Martin, à sujets de chasse, ornée de bronzes ciselés et dorés, époque Louis XV.

494. — Deux **Fauteuils** en noyer, époque Louis XIII, bois tors.

495. — Petit **Paravent** à double révolution, bois, époque Louis XV, feuilles en tapisserie au point de même époque ; sujets d'après Watteau.

496. — **Pupitre** surmonté d'une étagère, style Louis XIII, avec sculptures de l'époque Louis XIII.

497. — **Coffret-cave**, en bois de loupe de noyer, avec cinq carafons cristal taillé, époque du premier Empire.

498. — Paire de **Flambeaux**, époque Louis XIV, bronze gravé et doré.

499. — Époque Louis XVI. — **Garniture de cheminée**. Pendule marbre blanc et bronze ciselé et doré, mouvement de Germoud, à Paris, supporté par deux dauphins et accompagné

des statues l'*Amour et l'Abondance*. Les candélabres, en bronze doré sur socles en marbre blanc, sont composés de femmes portant des branches de lis à cinq lumières.

500. — Grande **Table** sculptée blanche et parties dorées, époque Louis XV.

Long. 1m,60.

501. — **Console** bois sculpté, peint blanc et parties dorées, époque Louis XVI.

502. — **Console** bois sculpté, peint blanc et doré, époque Louis XV.

503. — Deux petites **Tables** bois sculpté, peint et doré, époque de la Régence.

504. — **Console** forme demi-lune, bois sculpté, peint blanc et doré, époque Louis XVI.

505. — Deux **Tabourets**, époque de la régence, peints blancs, parties dorées.

506. — **Tabouret** de même époque, en bois sculpté, peint blanc, parties dorées.

507. — Grand **Fauteuil**, époque de la Régence, en bois sculpté, peint noir et doré.

508. — Deux grands **Fauteuils**, époque Louis XV, sculptés, peints blancs et dorés.

509. — Deux petits **Fauteuils**, même époque, peints blancs et dorés.

510. — Quatre **Chaises**, de même époque, peintes et dorées.

511. — Deux **Chaises**, époque Louis XV, en bois sculpté, peint blanc, et dorées.

512. — **Écran** en bois sculpté, blanc et doré; époque de la Régence, feuille en tapisserie au point, avec flore.

513. — Paire de **Girandoles**, bronze doré et cristaux, style Louis XIV, six lumières.

514. — Paire de **Chenets**, époque Louis XIV, modèle à vase, et fers.

515. — **Table** ronde de bouillotte, époque Louis XVI, érable, acajou et filets de cuivre.

516. — Petit **Secrétaire**, de l'époque Louis XVI, acajou et filets de cuivre.

Haut. $1^m,15$, larg. $0^m,47$.

517. — Petite **Glace** d'entre-deux, cadre en bois sculpté, doré, époque Louis XV.

518. — **Galerie de foyer**, en bronze, style Louis XVI.

519. — **Secrétaire**, de l'époque Louis XVI, marqueterie de bois de couleur, trophée de musique.

520. — **Table à jeu**, époque Louis XVI, marqueterie de bois, trophée d'instruments aratoires

521. — Deux **Fauteuils** sculptés, époque Louis XVI, à rais de cœur et perles.

522. — Quatre **Chaises** sculptées, époque Louis XV.

523. — Petite **Pendule**, modèle à portique, marbre noir et blanc, orné de bronzes ciselés et dorés, époque Louis XVI.

524. — Paire de petits **Candélabres**, enfants portant des branches à deux lumières, socles en marbre blanc, époque Louis XVI.

525. — Paire de **Vases**, en verre bleu, sur socles en marbre gris et blanc, ornés de bronzes ciselés dorés, époque Louis XVI.

526. — Deux petits **Bustes** en bronze, sur socles en marbre blanc, époque Louis XVI, Voltaire et Rousseau

527. — **Écran,** de l'époque Louis XV.

528. — Terre cuite. *L'abbé Dubois*, fondateur de l'abbaye de Saint-Amand; joli **Buste** du XVIIIe siècle.

529. — **Tête de vierge,** en bois sculptés, époque du XVIe siècle, et chapiteau.

530. — **Cave à liqueurs,** époque Louis XVI, bois d'érable et marqueterie de bois de couleur, contenant six flacons, plateau, deux verres et un flacon à eau de rose. Verrerie dorée, ornée de guirlandes de fleurs.

531. — **Piétement de cabinet,** en chêne tourné, époque Louis XIII.

532. — **Chaise** de l'époque de la Régence, en bois sculpté.

533. — **Guitare** de l'époque de 1830.

534. — Sous ce numéro, divers **Cadres** anciens sculptés, moulures, époques Louis XIV, Louis XV et Louis XVI. — **Bas-relief** en terre-cuite, **Ange en prière,** par Degand. — Deux **Plaques de cheminée** en fonte, époque Louis XIV. — Lot de **Clefs, Verrous** en fer, cuivres divers. — **Schako,** époque Louis XVIII, et paire d'**Épaulettes.**

BIBLIOTHÈQUE

535. — *Antiquaires de la Morinie*; années 1833 à 1892, année 1893 en cours. *Chartes de Saint-Bertin;* demi reliure maroquin rouge. *Cartulaire de Thérouanne de la Plane; les Abbés de Saint-Bertin.*

LAMBERT. — *Chronique de Guines et d'Arras, usages et anciennes coutumes de la comté de Guyenne.*

L'abbé FROMENTIN. — *Auchy-les-Moines.*

DESCHAMPS DE PAS. — *Etablissements hospitaliers de Saint-Omer.*

HAIGNERÉ. — *Les Chartes de Saint-Bertin;* 2 vol.

DE BACKEN. — *L'Extrême-Orient au moyen âge.* — *Bibliographie historique de l'arrondissement de Saint-Omer.*

DRAMARD. — *Notice historique. Tables des bulletins et mémoires:*

42 vol., demi-reliure maroquin rouge, et livraisons en cours.

536. — DRAMARD. — *Bibliographie géographique et historique de la Picardie.*

537. — LENGLET. — *Histoire de l'Europe et des colonies européennes;* Paris, Pougin, 1837. 6 vol., demi-reliure veau.

538. — *Annales de la Fédération archéologique et historique de Belgique;* Anvers, 1885. 7 vol. demi-basane. Anvers, Namur, Bruges, Charleroi, Anvers-Zeelande, Liège.

539. — HAUTCOEUR. — *Histoire de l'abbaye de Flines;* Paris, Dumoulin, 1874. 1 vol. demi-basane.

540. — DANCOISNE. — *Le Canton de Lens;* Arras, Sueur-Charruey, 1878. 1 volume, demi-maroquin violet.

541. — HOUZEL. — *Le Viel et le Nouvel Hesdin;* Paris, Tolmer, 1877. 1 vol. demi-basane.

542. — DESCHAMPS DE PAS. — *Inventaires des ornements*, etc.; église collégiale de Saint-Omer en 1557. Exempl. *Bulletin Archéologique*, travaux scientifiques, 1866.

543. — *Union géographique du nord de la France ;* Lille, Danel, années 1880 à 1890. Demi-reliure.

544. — KERVYN DE LITTENHOVE. — *Histoire des Flandres ;* Bruges, Beyaert-Defoort, 1874. 4 vol., demi-reliure maroquin vert.

545. — LE GLAY. — *Recherches sur l'église métropolitaine de Cambrai ;* Paris, Didot, 1825. 1 vol., demi-reliure veau, planches intercalées.

546. — A. DE CARDEVACQUE et TERNINCK. — *L'Abbaye de Saint-Wast ;* Arras, A. Brissy, 1868. Demi-reliure basane.

547. — P. ROGER. — *Archives de la Picardie et de l'Artois ;* Amiens, Duval et Herment, 1842. 2 vol., demi-reliure maroquin vert.

548. — CAPELLE. — *Histoire du jubilé de Notre-Dame de la Treille ;* Lille, Lefort, 1854. 1 vol., demi-reliure maroquin violet. — *Souvenirs du jubilé ;* Douai, 1855.

549. — Société française d'archéologie. — *Bulletin monumental*, 6e série, 1885-90. 6 vol., demi-basane.

550. — *Annales de la Société archéologique de Bruxelles ;* Bruxelles, Van Higt, 1887-1891. 5 vol., demi-reliure.

551 — *Souvenirs de la Flandre wallonne ;* Douai, de Christe ; Paris, Claudin, 1863 à 1886. 9 vol., demi-reliure basane violette.

552. — *Annuaire du Pas-de-Calais*, 1867 à 1890. 24 vol., demi-reliure.

553. — *Congrès archéologique de France*, années 1847 à 1887. 43 vol., demi-reliure.

554. — *Catalogue*, collection De Visme. Saint-Omer, 1875.

555. — DANCOISNE. — *Collège anglais de Douai ;* Douai, de Christe, 1881. 1 vol.

556. — VAN DRIVAL. — *Exposition de Lille*, 1874 ; Lille, Lefèvre-Ducrocq, 1874. 1 vol.

557. — *Souvenirs à l'usage des habitants de Douai ;* Douai, Deregnaucourt, 1822. 1 vol.

558. — *Funérailles de M. A.-F.-N. Levesque ;* Douai, Adam d'Aubers, 1844. 1 vol. Même vol., *Entrée solennelle de Mgr F. Régnier.* — *Notice sur Déchy*, village du canton de Douai, par Brassart.

559. — *Étrennes aux citoyens de Douai ;* Douai, Derbaux, 1789-1790. 2 vol., demi-reliure.

560 — *Faits historiques relatifs à la ville de Douai ;* Douai, Deregnaucourt, calendrier pour 1810. 1 vol., demi-reliure.

561. — *Souvenirs d'un homme de Douai ;* Douai, Adam d'Aubers, 1857. 1 vol., demi-reliure.

562. — ROBINEAU. — *Simon Ogier ;* Saint-Omer, Fleury-Lemaire, 1879.

563. — DUMEES. — *Annales belgiques ou des Pays-Bas ;* Douai. Derbaux, 1761. 1 vol., demi-reliure veau.

564. — LE GLAY. — *Histoire du bienheureux Charles le Bon, comte de Flandre ;* Société Saint-Augustin, Lille, 1884. Demi-reliure.

565. — *Liste des titres de noblesse* des Pays-Bas de 1659 à 1782. Bruxelles, Jos Ermens, 1784.

566. — *Éphémérides historiques de Douai;* Douai, Deregnaucourt, 1826. Demi-reliure veau.

567. — COUVREUR. — *Notre Dame des Miracles;* Saint-Omer, Fleury-Lemaire, 1870. 1 vol., demi-reliure.

68. — PARENTY. — *Histoire de Florence de Werquigneul;* Lille, Lefort, 1846. 1 vol., demi-reliure.

569. — DUTILLOEUL. — *Galerie douaisienne*, 2ᵉ série; Douai, Wartelle, 1864. 1 vol.

570. — DEHAISNE. — *De l'Art chrétien en Flandre;* Douai, Vᵛᵉ Adam, 1860. 1 vol. avec fig.

571. — Brochures douaisiennes. — *Bénédiction de Saint Pierre, Entrée de Mgr Regnier, Monographie de N.-D. de Douai, Général Durvill, Laurent Queter, Anat-Corne*, etc., etc.

572. — DESJARDINS. — *Monuments épigraphiques de Bratai et du musée de Douai;* Douai, Crépin, 1871. 1 vol., exemplaire n° 70.

573. — DANCOISNE. — *Recherches historiques sur Henin-Lietard;* Douai, A. Obez, 1847. 1 vol.

574. — SERRURE. — *Le Livre de Baudoyn;* Bruxelles, Bertot et Périchon, 1836.

575. — BRASSART. — *Notes historiques sur les hôpitaux, établissements de charité de Douai;* Douai, A. d'Aubers, 1842. 1 vol., demi-reliure.

576. — DUGENCK. — *Inventaire analytique et chronologique des chartes,* documents de l'ancienne abbaye de Messines; Bruges, A. de Zutteri, 1871. 1 vol.

577. — BOURGEOIS. — *Histoire des Evêques et archevêques de Cambrai;* Paris, 1875. 1 vol.

578. — DERODE. — *Siège de Lille en 1892;* Lille, Danel, 1842. 1 vol., demi-reliure.

579. — CRUYPLANTS. — *Histoire de la participation des Belges aux campagnes néerlandaises de 1815 à 1830;* Bruxelles, Spineux. 1 vol., demi-reliure.

580. — *Histoire de Bruges;* Bruges, 1850. 1 vol.

581. — VALERY-DERBIGNY. — *Fables, contes et autres poésies;* Paris, Plon, 1853.

582. — CARDEVACQUE. — *Diction biographique du Pas-de-Calais;* Arras, Sueur-Charruey, 1879.

583. — DUTILLOEUL. — *Bibliographie douaisienne;* Paris, Techner, 1835.
— *Douai ancien et nouveau;* 1860.
— *Histoire ecclésiastique de Douai;* 1861.

584. — LE BOUCQ DE TERNAS. — *Histoire des choses les plus remarquables advenues en Flandre, Hainaut, Artois;* Douai, Vve Ceret, 1857.

585. — *Notes sur la Collégiale de Saint-Amé de Douai;* Lille, E. Vanackere, sans date, 1 vol., demi-reliure.

586. — BRASSART. — *Inventaires des chartes, titres et papiers des hospices de Douai;* Douai, V. Adam, sans date. 1 vol., demi-reliure.

587. — LEBON. — *Mémoires sur la bataille de Bouvines;* Paris, Techner, 1835 1 vol., demi-reliure.

588. — COURMACEUL. — *Histoire de la ville et abbaye de Saint-Amand;* Valenciennes, Lemaître, 1866.

589. — DURAUX. — *Siège de Cambrai par Louis XIV;* Cambrai, Simon, 1874 1 vol.

. — BÉGHIN. — *Histoire de la ville de Béthune*, Douai; Robaut Dutilleux, 1873, — *Béthune en* 1813-14 et 1815.

591. — DERHEIMS. — *Histoire de Saint-Omer ;* Saint-Omer, 1843, 1 vol. demi-reliure.

592. — SOIL. — *Tapisserie de Tournai* .— Tournai, Vasseur Delmie, 1893, 1 vol. demi-basane.

593. — FROMENTIN. — *Histoire de Fressin* ; Lille, 1892.

594. — CARDEVACQUE. — *Histoire de l'abbaye d'Auchy-les-Moines ;* Arras, Sueur. Charruey 1875.

595. — ROGER. — *Noblesse et chevalerie du comte de Flandres, d'Artois et de Picardie;* Amiens, 1844. 1 vol. demi-reliure.

596. — MICHELANT. — *Manuscrits de la bibliothèque de Saint-Omer*, 1845, 1 vol.

597. — ESCALLIER. — *L'Abbaye d'Anchin*, Lille, Lefort, 1852.

598. — DEHAISNES, *Annales de Saint-Bertin et de Saint-Waast*; Paris, V. Renouard, 1871.

599. — DEHAISNES et autres. — *Recueil factice.* — Brochures sur l'*Art à Douai* et les *Tapisseries d'Arras,* etc., etc.

600. — TAILLIAR. — *Histoire du régime municipal romain dans le Nord. Le Centre et le Nord au siècle d'Auguste. — Essai sur le droit civil dans le Nord au* XIIIe *siècle;* Douai, 1849-1861 ; Paris 1869, 4 vol.

601. — PIERS. — *Biographie de la ville de Saint-Omer ;* Saint-Omer, Lemaire 1835, 1 vol., demi-reliure.

602. — PILATE-PRÉVOST. — *Table chronologique des archives de Douai ;* Douai, Obez, 1842.

602. — *Catalogue méthodique de la bibliothèque de Douai, Droit;* Douai, De Christe, 1869.

603. — DES ROCHES. — *Histoire ancienne des Pays-Bas autrichiens*, frontispice ; Anvers, Grangé, 1787. 1 vol., demi-reliure veau.

604. — BOUSSU. — *Histoire de la ville de Mons;* Mons, J.-N. Varret, 1725, 1 vol., demi-reliure veau.

605. — *Catalogue illustré du musée de Lille;* Lille, 1872. 1 vol., demi-reliure, maroquin rouge.

606. — *Histoire de J. Le Bon ;* Arras, Rousseau Le Roy, 1864. 1 vol., demi-reliure.

607. — *Inventaire des livres de la bibliothèque de Douai;* Douai, Wagren Taffin, 1805.

DUTILLOEUL. — *Catalogue des manuscrits de la ville de Douai;* Douai, Ceret Carpentier, 1846.

608. — ESCALLIER. — *Remarques sur le patois ;* Douai, Wartelle, 1856.

609. — VAN HENDE. — *Histoire de Lille de 620 à 1804;* Lille, 1874.

610. — TAILLIAR. — *Chroniques de Douai;* Douai, De Christe, 1875, 3 vol.

611. — BRASSART. — *Histoire du château et de la châtellenie de Douai;* Douai, Crépin, 1877, 3 vol.

612. — DE CHRISTE. — *Douai pendant la Révolution;* Paris, Douai, chez l'auteur, 1880.

613. — PILLOT. — *Histoire du Parlement de Flandres;* Douai, Adam d'Aubers, 1849.

614. — LEPREUX. — *Les Rues de Douai;* Douai, Crépin, 1882.

615. — DUCHET et GIRY. — *Cartulaires de l'église de Therouanne.*

616. — QUEUTON. — *Gayan, le géant de Douai ;* Douai, chez Robaut, 1839 ; exemplaire grand papier.

617. — *Mémoires de la Société centrale d'Agriculture, Sciences et Arts de Douai ;* années 1826 à 1874.

618. — VALLET. — *Description de l'ancienne abbaye de Saint-Bertin ;* Paris, Picquet ; Saint-Omer, Bacle, 1834. 1 vol. cartonné.

619. — *Programme de la marche des Incas ;* Valenciennes, 1866.

620. — E. DE METEREN. — *Histoire des Pays-Bas :* La Haye, Ch. Willebrant, 1618. 1 vol., frontispice, portraits, reliure vel. armor.

621. — *Conférence du livre à Anvers ;* août 1890, Anvers, Buschmann, 1891. 1 vol., demi-reliure veau.

622. — GERMAIN BRIN et CORROYER. — *Saint Michel et le mont Saint-Michel.* 1 vol., Didot, 1880.

623. — DELILLE. — *Œuvres ;* Paris, Didot, 1840. 1 vol., demi-reliure.

624. — PIERRE DE LA GORCE. — *Histoire de la seconde République ;* Paris, Plon, 1887. 2 vol., demi-reliure.

625. — LESAGE. — *Mac-Mahon et l'armée ;* Saint-Omer, Lance, 1874. 1 vol.

626. — LOTH. — *Le Chant de la Marseillaise ;* Paris, Palmé, 1886. 1 vol., demi-reliure.

627. — DESBORDES-VALMORE. — *Pauvres fleurs ;* Paris, Dumont, 1839. — *Bouquets et Prières ;* Paris, Dumont, 1843. — *Poésies ;* Paris, Dumont, 1843.

627. — TH. GRANDIN, 1822, reliure velin, nombreuses figures. — *Mêmes poésies;* Genève, J.-G. Fick, 1873. 1 vol., demi-reliure.

628. — GARAT. — *Mémoires;* an III. — *Mémoires;* Paris, Poulet-Malassis, 1862.

629. — DESJARDINS. — *Félix Lambrecht;* Paris, Chamerot, 1873. 1 vol., demi-reliure.

630. — THOMAS. — *rouin;* Paris, B. Brunet, 1761.

631. — KIEN. — *Poésie et prose;* Douai, Adam d'Aubers, 1852.

632. — PIERS. — *Histoire de Therouanne;* Saint-Omer, Lemaire, 1833.

633. — CORNE. — *Marcel, Adrien, Biographie.* 3 vol., demi-reliure.

634. — FÉNELON. — *Aventures de Télémaque*, préface de J. Janin; Paris, Bourdin.

635. — NORVINS. — *Histoire de Napoléon*, illustrée par Raffet; Paris, Furne, 1839. 1 vol.

636. — *Le Diable à Paris*, illustré par Gavarni; Paris, Hetzel, 1845. 1 vol.

637. — LAS CASES. — *Mémorial de Sainte-Hélène;* Paris, Bourdin, 1842.

638. — NAPOLÉON III. — *Histoire de Jules César;* Paris, Plon, 1865. 2 vol.

639. — DUPLESSIS. — *Histoire de la gravure;* Paris, Hachette, 1880. 1 vol.

640. — SIRET. — *Dictionnaire des peintres;* Paris, Lacroix, 1866.

641. — DESCAMPS. — *Histoire des peintres flamands, allemands et hollandais;* Paris, Jombert, 1753. 5 vol.

642. — JACQUEMART. — *Merveilles de la céramique;* Hachette, 1868. 3 vol., demi-reliure.

643. — VAILLANT. — *Les Céramistes boulonnais;* Boulogne-sur-Mer, 1882.

644. — GRAESSE. — *Guide de l'Amateur de porcelaines et poteries;* Dresde, 1868.

645. — DU BOIS. — *L'Italie et ses musées;* Bruxelles, Campan, 1874.

646. — DUTHILLOEUL. — *Eloge de J. de Bologne;* Douai, Wagrez-Taffin, sans date.

647. — COUVEZ. — *Inventaire des objets d'art,* Flandre occidentale; Bruges, Bogaert, 1852.

648. — *Gazette des Beaux-Arts,* depuis l'origine jusqu'à nos jours; 75 vol., demi-reliure dos vert, et livraisons de 1893.

649. — *Chronique des Arts* de 1863 à nos jours.

650. — CERVANTES. — *Don Quichotte,* illustrations de G. Doré. 2 vol., demi-reliure.

651. — *L'Art pour tous;* 10 années en cartons, 1861 à 1870.

652. — LA FONTAINE. — *Fables,* illustrées par Doré; Hachette, 1868. 1 vol.

653. — ARMENGAUD. — *Galeries particulières de l'Europe;* Paris, Lahure, 1857. 1 vol.

654. — *Chefs-d'œuvre de la gravure moderne;* Paris, M. Lévy, 1869. 1 vol.

655. — CANNEEL. — *Histoire du diocèse de Bruges;* nombreuses lithographies ; Bruges, sans date.

656. — *Album de l'Exposition universelle de 1867*; Paris, M. Lévy, 1868.

657. — ROBAUT. — *Eugène Delacroix;* fac-similé, 1re série, 1864. Carton d'origine.

658. — DUTERT. — *Forum romain;* Paris, A. Lévy, 1876. — Carton d'origine.

659. — *Paris dans sa splendeur;* nombreuses lithographies; Paris, H. Charpentier, 1861. — 3 vol. reliés de l'édit.

660. — *Galerie des peintres célèbres;* Poussin, Michel-Ange, Albane, L. de Vinci, Titien, Guide, Veronèse ; Paris, Firmin Didot, 1845. Gravure au trait ; 4 vol. demi-reliure.

661. — LE BEALLE. — *Cours de dessin linéaire;* Paris, J. Delalain ; sans date.

662. — COINDET. — *Histoire de la peinture en Italie;* Paris, Renouard, 1851. 1 vol.

663. — BOUCHETTE. — *Le Poussin;* Paris, Didier, 1858.

664. — MICHIELS. — *Rubens et l'école d'Anvers;* Paris, Delahays, 1854, 1 vol.

665. — *Catalogue du cabinet du baron Denon;* monuments, estampes ; Paris, H. Telliar, 1826 ; 2 vol.

666. — CARTSENS. — *Les Argonautes,* album de 24 planches au trait, gravé par Roch ; sans lieu ni date.

667. — *Il Claustro di S. Michele in Bosco Depruto dal famoso, L. Caracci;* Bologne, 1694, 1 vol., nombreuses gravures.

668. — *L'Autographe ;* 1864-1865.

669. — *Monographie de la cathédrale de Milan ;* carton d'origine.

670. — *Monographie de la cathédrale de Saint-Sauveur, à Bruges ;* Bruges, Descler-Brouver ; sans date.

671. — GAVARNI. — *Masques et visages ;* Paris, librairie du *Figaro ;* 1868.
— *Le Livre des quatre cents auteurs.*

672. — VIARDOT. — *Notice sur les principaux peintres de l'Espagne ;* Paris, Gavard, 1839.

673. — X. DE MAISTRE. — *Voyage autour de ma chambre ;* Paris, Tardieu, 1860. 1 vol., relié maroquin vert plein, David.

674. — *Tableau des prisons de Paris ;* Paris, Michel, an III.

675. — *Catalogue des familles nobles de France admises dans l'ordre de Malte ;* Paris, 1815.

676. — *Almanach royal pour 1718 ;* V. d'Houry.

677. — *Almanach catholique de France,* années 1880 à 1893 ; Lille, Société de Saint-Augustin, années 1880 à 1890, reliés en 3 vol. demi-veau.

678. — A. RAVELET. — *Le bienheureux J.-B. de la Salle ; procure generale,* 1888 ; 1 vol. — *Bulletin de l'œuvre du vénérable de la Salle ;* 1876 à 1890 ; 4 vol.

679. — *Chateaubriand ; œuvres complètes ;* Paris, Garnier frères ; sans date ; 12 vol. demi-reliure.

680. — *Le Pèlerin,* années 1877 à 1891 ; 15 vol.

681. — *Journal des Demoiselles ;* années 1887 à 1891 ; 7 volumes.

682. — *Musée des familles ;* 1863 à 1869 ; 6 volumes.

683. — RIS PAQUOT. — *La Céramique ;* Paris, Renouard, 1881 ; 1 volume demi-reliure.

684. — *Le Monde illustré*, collection complète ; 1857 à 1892 et année en cours ; 71 vol. demi-reliure.

685. — *Revue de la Mode ;* 1873 à 1891 ; 15 vol.

686. — *Le Foyer des Familles ;* 1859 à 1863.

687. — LAROUSSE. — *Dictionnaire ;* 16 vol., dont supplément.

688. — *Journal de la Musique ;* années 1876 à 1882. 6 vol.

689. — *L'Univers illustré*, années 1858 et suivantes ; 25 vol.

690. — BALZAC. — *Œuvres ;* M. Lévy, 1867. 5 vol.

691. — A. DUMAS, E. SUE, P. FÉVAL. — *Les Trois Mousquetaires, Vingt ans après, le Vicomte de Bragelonne, la Reine Margot, les Quarante-Cinq, le Chevalier d'Harmental, les Péchés capitaux, le Fils du Diable ;* 6 vol. cartonnés.

692. — *Catalogues illustrés des Salons* et suppléments ; 1877 à 1892 ; 24 vol. en demi-reliure.

693. — WALTER SCOTT. — *Œuvres ;* Paris, Firmin-Didot ; 28 vol. cartonnés.

694. — LACORDAIRE. — *Notice des tapisseries exécutées aux Gobelins ;* Paris, 1855.

695. — HUART. — *Paris au bal ;* illustré par Cham ; Paris, Aubert. — Sans date.

696. — Environ trente volumes, *Guides du voyageur* en Italie, France, etc.

697. — Environ trente brochures, *Catalogues* des Musées du Louvre, Luxembourg, Cluny et Musées de province.

698. — Environ quarante *Catalogues* des Salons de peinture.

699. — *Almanach des prisons;* Paris, Michel, an III, broché.

700. — Sous ce numéro, des brochures publiées à Saint-Omer, Douai, Bruges, Arras.

701. — Sous ce numéro, quantité de livres qui seront vendus par lots : livres de sciences, notariat, histoire, mémoires, etc.

702. — RABELAIS. — *Les Œuvres de M. François Rabelais ;* à Lyon, par Jean Martin, mauvais état.

703. — *Légende du Juif-Errant;* illustré par G. Doré. Paris, Michel Lévy, 1856.

704. — PINAULT, S^r des Jaunaux. — *Coutumes générales de la ville et duché de Cambrai;* Douai, Mairesse, 1691, reliure veau.

705. — *Officia propria sanct. insignis ecclesiæ collegiæ sancti Amati ;* Duaci, A. Dieubot, 1773, veau.

706. — LAURENT LEBLOND. — *Quartiers généalogiques des illustres et nobles familles,* etc. ; Bruxelles, Simon T'Serstevens, 1721. Veau.

707. — PIERRE d'OUDEGHERT. — Les *Chroniques et annales de Flandres;* Anvers, C. Plantin, 1571. Veau.

708. — *Recueil des édits, déclarations, arrêts, propres au Parlement de Flandres;* Douai, J.-F. Willerval, 1730.

709. — DE LIMIERS. — *Annales de la monarchie française;* Amsterdam, l'Honoré et Châtelain, 1724, 2 vol. veau dentel.

710. — L'ÉVAILLANT DE LA BASSARDRIES. — L'*Accord de la grâce et de la liberté;* Tournay, Louis Varle, 1740. Veau.

711. — *Généalogie de le maison du Chasteler;* 1777. Veau.

712. — G. BRANDT. — *Vie de Michel de Ruiter;* Amsterdam, J. Blaen, 1698. 1 vol.

713. — *Mémoire pour M. J.-Alphonse de Valbelle,* évêque de Saint-Omer. 1 vol.

714. — Anvers, 1649. — *Images de divers hommes d'esprit sub. par leur art.* A Anvers mis, en lumière par Jean Meyssen. Réunion de portraits. 1 vol.

715. — H. GROTIUS. — *Annales et histoires des troubles des Pays-Bas;* Amsterdam, J. Blaen, 1662, 1 vol.

716. — *Gisleberti Balduini Quinti,* etc., etc.; Bruxelles, Em. Flon, 1784.

717. — RAPARLIER. — *Exposition de la lettre et de l'esprit des chartes générales du Haynaut;* Douay, Derbaux, 1771. 2 vol.

718. — FOPPENS. — *Bibliotheco Belgica;* Bruxelles, P. Foppens, 1739. 2 vol.

719. — *Procés de Damiens;* Paris, P.-G. Simon, 1757. 1 vol.

720. — GARAT. — *Eloge de Suger;* Paris, Demonville, 1779.

721. — LEGLAY. — *Programme des principales recherches sur l'histoire et les antiquités du département du Nord ;* Cambrai, Harez, 1831.

722. — *Éloges de M. Laurent*, dit l'Archimède de la Flandre ; plaquette de 1764, reliure maroquin rouge.

723. — LE ROUX. — *Recueil de la noblesse des Pays-Bas ;* Lille, 1715.

724. — *Coutumes locales de Saint-Omer, Aire,* etc. ; Paris, P.-G. Simon, 1744, reliure ancienne, maroquin rouge dentelé.

725. — *Basilica Bruxellensis ;* mechliniæ, Laurentum Vander Elst, 1743. 1 vol.

726. — *Code des coutumes d'Artois ;* Arras, veuve Deschamps, 1745.

727. — *Histoire de Suger ;* Paris, J. Musier, 1721. 3 vol.

728. — *Projet pour la réformation des coutumes d'Artois ;* Douai, J.-F. Willerval, 1735. 1 vol.

729. — *Famiani Stradæ de bello Belgico ;* Romæ, Hermanum Schus. 1 vol.

730. — *Horatii Tursellini ;* Duaci, Balthasaris Belleri, 1627. 1 vol.

731. — *Almanach du commerce*; Lille, Douai, Dunkerque, pour 1787 ; à Lille, Jacquez. — *Calendrier calculé au méridien de Douai ;* 1782.

732. — GUCCIARDIO. — *Belgicæ ;* Amsteldami, Jacobum Meursium, 1660. 1 vol.

733. — ELZEVIRS. — *Dominici Baudi indiciarum Belli Belgici. — De Principatibus Italiæ Caroli Paschalii Legatus ;* 1645.

734. — *La Muse lyrique*. 2 vol., titre et musique gravés, Paris, Jolivet, 1770-1775. 2 vol.

735. — COLLET. — *Notice historique sur Saint-Omer ;* Saint-Omer, Lemaire, 1830.

736. — OTHO VENIUS. — *Théâtre de la vie humaine ;* Bruxelles, F. Foppens, 1678 ; nombreuses planches. 1 vol.

737. — A. DONDE. — *Les figures, la vie, la mort de saint François de Paule ;* Paris, F. Muguet, 1671 ; nombreuses planches. 1 vol.

738. — *Almanach des Muses ;* an IV, 1796.

739. — Sous ce numéro, quantité de livres seront vendus par lots.

Paris. — May & Motteroz, Lib.-Imp. réunies
7, rue Saint-Benoît

www.ingramcontent.com/pod-product-compliance
Ingram Content Group UK Ltd.
Pitfield, Milton Keynes, MK11 3LW, UK
UKHW022113170726
13837UKWH00003B/1184